EINE FEDER VOM HIMMEL

Thomas Brezina
Eine Feder vom Himmel

Alle Rechte vorbehalten
© 2023 edition a, Wien
www.edition-a.at

Cover: Silja Andrej
Satz: Bastian Welzer

Gesetzt in der Premiera
Gedruckt in Europa

1 2 3 4 5 — 26 25 24 23

ISBN 978-3-99001-691-6

THOMAS BREZINA

EINE *Feder* VOM HIMMEL

44 wahre Geschichten, die Hoffnung geben

edition a

Inhalt

Vorwort	6
Liebe	9
Rom bei Nacht	*10*
Der beschädigte Ring	*13*
Liebe auf Spanisch	*16*
Zwischen uns	*21*
Tanzen	*23*
Familie & Freundschaft	27
Das Winken	*28*
Das Licht der Liebe	*30*
Navid	*35*
Versprechen	*37*
Ein Lächeln zum Hochzeitstag	*41*
Die wahre Geschichte von Timmy-Bär, dem Minischwein	*43*
Wurzeln	*47*
Niemand wird zurückgelassen	*53*
Gesundheit	57
Es liegt an dir	*58*
Zwei Lebensretter	*60*
Ronjas Geschichte	*63*
Der Lauf ihres Lebens	*71*
Kampfgelse	*73*
Bucket List	*75*
Gute Verbesserung	*79*

Schule & Beruf — 81

Zaid tanzt — 82
Keine Angst vor dem Verlieren — 84
Rote Badesachen — 88
Wenn der Bankomat schluckt statt spuckt — 91
Ein zuversichtlicher Held — 93
Jede einzelne Sekunde — 95

Zeichen — 101

Die weiße Gestalt — 102
Jesse — 105
Rotkehlchen — 109
Ein Lächeln auf dem Parkplatz — 111
Engel auf der Reise — 114
Der Duft von Rosen — 120
Die weiße Taube — 121
Handschmeichler — 123
Das Haus — 125

Verlust — 129

Abschiedsritual — 130
Die kleinen Dinge — 133
Philipp — 136
Das Lachen — 140
Zwei Rehe — 142
Nachricht aus dem Jenseits — 144
Ein weiches Herz — 146
Let it be — 149
Eine Feder vom Himmel — 152

In einem Jahr - *Thomas Brezina* — 155

VORWORT

In meinem Buch *Besser als du denkst* entspinnt sich ein Dialog zwischen Nick, der vom Leben schwer enttäuscht ist, und einem göttlichen Wesen. Dabei geht es auch um Hoffnung und Zuversicht.

»*Hoffnung und Zuversicht sind verwandt und doch sehr verschieden. Für Zuversicht brauchst du Mut, oft Geduld und Liebe für das Leben und dich.*«
»*Das verstehe ich nicht.*«
»*Hoffnung ist wie ein Fernrohr. Du richtest es auf eine Lösung, einen Menschen, ein Ziel oder einen Gegenstand, den du gerne hättest. Erfüllt sich die Hoffnung nicht oder dauert es zu lange, bist du enttäuscht.*«
»*Was ist an der Zuversicht anders?*«, wollte Nick wissen.
»*Zuversicht ist wie ein kleines Ruderboot. Du bringst es auf den richtigen Kurs. Den Kurs lässt du nie aus den Augen, aber dein Ziel ist eine Insel mit verschiedenen Anlegeplätzen und nicht nur einem einzigen Steg. Wind und Wellen können dich vom Kurs abbringen oder in eine viel bessere Richtung treiben. Es ist deine Aufgabe, das zu beobachten und zu beurteilen. Nicht selten wirst du staunen, wohin dich die Zuversicht getragen hat. Es kann wesentlich erfreulicher sein, als du erhofft hast.*«

In den Turbulenzen des Lebens die Zuversicht zu bewahren ist eine hohe Kunst, die neue Kräfte geben kann. In den Zeiten, die wir erleben, scheint es immer schwieriger, zuversichtlich zu bleiben. Aus diesem Grund entstand die

Idee zu diesem Buch, das keine theoretische Abhandlung über dieses Thema ist, sondern eine Sammlung wahrer Geschichten.

Wie heißt es so schön: Die besten Geschichten schreibt das Leben selbst.

Den Verantwortlichen von PULS 4 gefiel das Buchprojekt und in der Sendung Café Puls konnte ich die Zuseherinnen und Zuseher mehrfach dazu aufrufen, eigene Erlebnisse und Erkenntnisse über die Zuversicht einzusenden. Das Echo war groß. Menschen aus ganz Österreich und aller Altersgruppen machten sich die Mühe, aufzuschreiben, was sie erlebt hatten und wie sie neue Freude finden konnten. Die Auswahl aus den hunderten Geschichten fiel schwer. Ziel war es, eine große Bandbreite an Themen anzusprechen und Erlebnisse zu wählen, mit denen wir uns alle identifizieren können und die viele verschiedene Arten der Zuversicht aufzeigen.

Danke an alle, die bei dieser Aktion mitgemacht haben. Die geschilderten Momente aus dem Leben sind berührend. Es gibt Mut zu sehen, was Menschen alles bewältigen und wie sie Krisen meistern können.

Ich hatte die Ehre, die Texte manchmal ein wenig zu bearbeiten, um den Inhalt noch mehr zum Strahlen zu bringen.

Danke an PULS 4, die Redaktion und die Moderatorinnen und Moderatoren von Café Puls für die wunderbare Zusammenarbeit und das Zeichen, das wir gemeinsam setzen konnten.

Alles Gute, herzlichst

Liebe

ROM BEI NACHT
Ines

Mein Leben verlief die meiste Zeit nicht so toll.

Meine Eltern ließen sich scheiden, als ich gerade mal drei Jahre alt war. Damit gingen die Probleme auch schon los. Als Kind war ich zwischen ihnen hin- und hergerissen, als Jugendliche brach ich den Kontakt zu ihnen immer wieder ab.

Mit 17 Jahren zog ich aus, obwohl ich mitten in meiner schulischen Ausbildung steckte. Nebenbei musste ich samstags arbeiten gehen. Für Freizeit blieb mir nur noch der Sonntag – und außerdem hatte ich jede Menge andere Probleme.

Das alles hatte zur Folge, dass ich zwei Klassen wiederholen musste. Ich verschwand in einem Loch, das immer tiefer zu werden schien, und ich wusste nicht, wie ich je wieder hinaus ins Licht gelangen sollte.

Neben der Schule begann ich schließlich eine Gesprächstherapie.

Ich erkannte, dass ich große Angst davor hatte, verlassen zu werden. Sowohl meine Mutter als auch mein Vater hatten mit neuen Partnern Familien gegründet und jeweils zwei Kinder bekommen. Ich stand dazwischen und fühlte mich zu keiner Familie so wirklich zugehörig. Dieses Gefühl verletzte mich, und ich sagte mir, dass ich erst Teil einer Familie sein würde, wenn ich selbst eine gründete. Darauf wagte ich allerdings nicht zu hoffen, zu prägend waren die Erfahrungen meiner Kindheit gewesen.

Mit zwanzig Jahren jedoch änderte sich mein Leben. Ich lernte jemanden kennen. Und hier beginnt meine Geschichte der Zuversicht.

Als ich ihn zum ersten Mal traf, war es, als würde ich ihn schon mein ganzes Leben lang kennen. Als wäre er schon immer da gewesen. Sein Lachen hob mich jedes Mal aus meiner dunklen Grube heraus. Er war schon öfters geflogen und war völlig schockiert, als ich ihm erzählte, dass ich noch nie in einem Flugzeug gesessen hatte.

»Wenn du irgendwohin fliegen könntest«, fragte er mich, »wohin würdest du gerne fliegen?«

»Nach Rom«, antwortete ich ihm.

Kurz darauf saßen wir in einem Flugzeug. Wir kannten uns gerade einmal drei Wochen und schon hatte er mich mit einem Tagesausflug nach Rom überrascht! Beim Start nahm ich zum ersten Mal seine Hand. Es war unser erster Körperkontakt.

Wir hatten beide kaum geschlafen, fühlten uns übernächtig, hatten von Rom keinen Plan und fuhren mit dem Taxi von einem Café zum nächsten.

Mitten auf einem großen Platz saßen wir unter einem Sonnendach, tranken Espresso und begannen plötzlich so laut zu lachen, dass bald alle Menschen um uns herum mitlachten. Wir verliefen uns beim Kolosseum, schliefen am Flughafen ein und verpassten beinahe den Rückflug.

Nach dem Start des Rückflugs neigte der Pilot das Flugzeug nach links und wir sahen Rom bei Nacht, eine Stadt mit tausenden Lichtern. Ich kuschelte mich an ihn, er nahm meine Hand, und in diesem Moment wusste ich, dass das Liebe sein musste.

Es war der schönste Tag meines Lebens.

Mittlerweile sind wir seit vier Jahren zusammen, wohnen gemeinsam und haben den wundervollsten Sohn. Die Matura habe ich abgeschlossen und bald beginne ich mit dem Studium. Endlich fühle ich mich »zu Hause« und das verdanke ich meinem Partner. Er hat mir das Leben gerettet und mir eine Familie geschenkt.

Für lange Zeit hätte ich nicht gedacht, dass sich mein Leben so zum Guten wenden könnte. Und jedes Mal, wenn es mir gerade nicht so gut geht, denke ich daran, wie sich das Flugzeug nach links geneigt hat und an die unzähligen Lichter Roms. Ich spüre dann wieder das Gefühl von damals. Es ist ein Gefühl, als würde mein Herz vor Freude platzen. Und das gibt mir neue Zuversicht.

DER BESCHÄDIGTE RING
Helene

In meinem Leben hatte ich immer klare Vorstellungen, was ich mir von der Liebe erwarte. Ich wollte meinen Seelenpartner finden und drei Kinder mit ihm großziehen. Als ich selbst noch ein Kind war, hatte ich bereits »Kontakt« zu den Seelen meiner zukünftigen Kinder oder sprach zumindest im Geiste mit ihnen.

So lange begleitete mich schon der Wunsch nach meiner eigenen Familie.

Über die Jahre musste ich aber lernen, dass Liebe oft unerwidert bleibt, man enttäuscht wird, Beziehungen zerbrechen oder andere Lebensziele auftauchen.

Als ich dann mit 34 Jahren in einer Beziehung steckte, in der meine Bedürfnisse so gar nicht berücksichtigt wurden, setzte ich mich allein zur Sommersonnenwende mit einem Likör in meine neu ausgebaute Wohnung und nahm noch ein letztes Mal Kontakt mit meinen inneren Wünschen auf.

Unter Tränen sprach ich zur so nah scheinenden Seele meines Sohnes: »Du bist herzlich willkommen, aber du musst uns einen lieben Papa suchen!«

Dann stürzte ich mich wieder in meine zeit- und kraftraubende Arbeit und vergaß alles. Ich ging eine neue Beziehung ein, doch auch diese fühlte sich nicht an wie die Seelenpartnerschaft, nach der ich schon so lange suchte. Erwartungen hatte ich nun keine mehr.

Bis mich dann im September des gleichen Jahres meine Arbeit nach Wien führte. Es sollte meine Lebensglückswoche werden.

Ich wohnte in einem wunderschönen Hotel und wurde im Zimmer mit einem Rosenbad überrascht. Bis heute weiß ich nicht, wem ich das zu verdanken hatte, meinem damaligen Partner jedenfalls nicht.

Mein Vortrag lief besonders gut.

Im Prater traute ich mich »als Belohnung« auf das höchsten Karussell. Und auf der Straße fand ich einen goldenen Ohrring mit vier echten Diamanten, der zwar beschädigt war, aber eine symbolische Bedeutung bekommen sollte ...

Mein damaliger Partner spendierte mir eine Opernkarte, 1. Reihe, die *Fledermaus* zur Saisoneröffnung. Zunächst wollte ich allein gar nicht hingehen, entschied mich im letzten Moment jedoch anders. Warum, kann ich heute nicht mehr sagen.

Als ich in der Staatsoper saß und die Ouvertüre erklang, löste die wunderschöne Musik, die direkt vor mir aus dem Orchestergraben stieg, ein Glücksgefühl aus, wie ich es schon lange nicht mehr gespürt hatte. Die Vorstellung war pointenreich und ich lachte viel.

Immer wieder blickte ich auf die Musiker. Einer von ihnen kam mir bekannt vor. Aber woher sollte ich ihn kennen?

In der Pause ergab sich die Gelegenheit, ihn anzusprechen. Meine Vermutungen bestätigten sich, wir kannten uns über gemeinsame Lehrer (früher hatte auch ich musiziert), hatten uns aber seit etlichen Jahren nicht mehr gesehen. Er spielte wunderschön und ergreifend, mein Herz wurde durch seine Klänge tief berührt.

In der zweiten Pause fragte er mich, ob wir nachher noch etwas trinken gehen wollten. Und alles weitere ist Geschichte: Er ist der beste und liebste Mensch, den ich je kennenlernen durfte, wir sind glücklich verheiratet und haben zwei liebe Söhne! Aus dem beschädigten Ohrring ließ ich einen Ring anfertigen, die vier Diamanten symbolisieren unsere Familie …

Es kommt im Leben also alles so, wie es kommen muss!

Eigentlich wollte ich an diesem schicksalshaften Abend etwas anderes unternehmen. Und eigentlich hätte mein Mann damals gar nicht auftreten sollen. Aber das Schicksal (oder wer auch immer) hat uns zusammengeführt.

LIEBE AUF SPANISCH
Werner

Unsere Geschichte beginnt ... ja, wo fängt eine Liebesgeschichte mit verlegten Telefonnummern und diversen Missverständnissen eigentlich an?

Seit mehreren Jahren hatte ich keine feste Beziehung mehr, fühlte mich immer einsamer und gab die Suche nach der idealen Partnerin schließlich auf.

Meine Drogerie sowie das Taxifahren als Nebenjob ließen mir wenig Freizeit. Als ich eine renovierungsbedürftige, hundert Quadratmeter große Altbauwohnung erwarb, wurde sie noch geringer.

Meine Geschichte beginnt im November, als die Nächte kälter wurden. Nach einer langen Nacht mit vielen Taxifahrten blieben mir kaum vier Stunden Schlaf, bis der Wecker läutete. Ein schnelles Frühstück, dann musste ich die Drogerie aufsperren.

Es war ein düsterer, nebeliger Herbsttag. Die erste Kundin, die eintrat, erkannte ich sofort: Evelyn, die mir bereits vor Jahren einmal ihre Telefonnummer gegeben hatte. Als Vorwand hatte sie behauptet, mit unserer Gruppe Squash spielen zu wollen, was sich aber nie ergab. In meiner männlichen Ordnung war der Zettel mit ihrer Nummer verloren gegangen, weshalb ich sie aus den Augen verloren hatte.

Nun aber standen wir uns gegenüber, plauderten und lachten. Ich freute mich sehr, sie nach so langer Zeit wiederzusehen.

Evelyn war gekommen, weil sie ein paar Fotokopien brauchte und einige Bestellungen aufgeben wollte. Die Kopien waren schnell gemacht, aber eine Kopie mit ihrem Namen und ihrer Adresse war leider misslungen und ich musste sie erneut anfertigen. Die misslungene Kopie blieb neben dem Gerät liegen. Wir vereinbarten einen Termin, an dem sie ihre Bestellungen abholen konnte. So wusste ich, dass sie sicher wiederkommen würde. Auf diesen Tag freute ich mich schon.

Was aber sollte ich ihr beim nächsten Mal sagen? Ich war etwas aus der Übung gekommen. Außerdem war sie eine Kundin, und falls gerade eine andere Kundin anwesend sein würde, könnte mein Versuch, mit ihr ins Gespräch zu kommen, als aufdringliche Anmache angesehen werden und mich in Schwierigkeiten bringen.

Die misslungene Kopie mit ihrer Adresse brachte mich auf die Idee, ihr einen kleinen Brief zu schreiben und ihn der Ware beizulegen, die sie bestellt hatte. Ich konnte ihr beides zuschicken.

Was aber sollte ich in den Brief schreiben? Ich war ziemlich ratlos.

Ein guter Bekannter bekam zu dieser Zeit bereits zum zweiten Mal ein Buch geschenkt, dessen Titel für mich aufs Erste nicht vertrauenserweckend klang: *Wie reißt Mann Frau auf.*

Mein Bekannter gab eines der Exemplare an mich weiter. Weil mir nichts Besseres einfiel, las ich es. Zu meiner Überraschung fand ich ein paar gute Anregungen darin. Mein Brief lautete schließlich so:

Hallo Evelyn!
Würde Sie, Dich gerne kennenlernen.

Deine Antworten könnten lauten:

Ich habe drei Kinder, bin verheiratet.

Mein Mann ist Boxer und sehr eifersüchtig.

Ich stehe in einer festen Beziehung und habe kein Interesse.

Oder andere Gründe für eine Ablehnung.

Sollte keine der Antworten zutreffen, würde ich gerne unser DU bei einem Gläschen Wein besiegeln, den Abend mit einem Theater- oder Kinobesuch fortsetzen und mit einem Abendessen abschließen.

Evelyns Antwort fiel originell aus. Mit einem Markierungsstift unterstrich sie den Satz: »Sollte keine der Antworten zutreffen ...« und darunter schrieb sie: »Danke für diesen netten Brief.«

Unser erstes Treffen wurde vereinbart. Da die Jahreszeit passte, gingen wir zum Adventmarkt nach Schönbrunn. Ich hatte das Buch gelesen und war bestens gerüstet! Blumen, pünktliches Erscheinen und Themen für viel Konversation, was vielleicht sonst nicht gerade meine Stärke war.

Ich hielt also das Gespräch in Gang, bis wir endlich warmen Punsch tranken. Evelyn schien erleichtert. Später erzählte sie mir, ich hätte wie ein Wasserfall geredet und sie hätte schon ihre Zweifel an mir bekommen.

Es folgten jedoch noch mehrere Abende bei Keksen und Tee. In den Gesprächen kamen wir uns näher. Bis mir eines Tages der Gedanke kam, dass ich einen Kosenamen für Evelyn finden sollte.

Evelyn hatte einige Zeit in verschiedenen Ländern verbracht, Griechenland, England und Spanien, weshalb sie gut Spanisch sprach. Was lag näher, als einen spanischen Kosenamen zu suchen?

Mein Deutsch war passabel, Englisch endete mit schulischen Grundkenntnissen und Spanisch kam mir jede andere Sprache vor. Doch eine Sache hatte ich aus dem Buch mit dem seltsamen Titel gelernt: Aufgeben gibt es nicht. Nach einigem Nachdenken hatte ich die Idee, dass mir vielleicht die spanische Botschaft helfen könnte.

Gedacht, getan, ich schrieb einen Brief an die spanische Botschaft, in dem ich mein Problem darlegte.

Die Botschaft antwortete mit einem sehr freundlichen Brief, den auf Vorder- und Rückseite das königliche Wappen zierte. Der spanische Kulturattaché wollte sich mit uns bei einem Vortrag in der Urania treffen.

Plötzlich hatte ich zwei Probleme auf einen Schlag: Evelyn wusste nichts von diesem Brief und der spanische Kulturattaché wollte unbedingt uns beide sehen. Wie gestand ich am Anfang einer Beziehung eine so unkonventionelle Suche nach einem Kosenamen? Konnte ich Evelyn zumuten, mich zu begleiten? Richtige Männer zittern vielleicht, aber sie lösen ihre Probleme, sagte ich mir im Stillen. Evelyn war weniger entsetzt als angenommen. Wir besuchten den Vortrag und gingen danach mit dem Spanier essen. Es war ein gemütlicher Abend, an dem der Kulturattaché vieles wissen wollte. Einen spanischen Kosenamen hat er uns aber bis heute nicht vorgeschlagen. Dafür erhielten wir eine Einladung zu einem christlichen Osterfest nach Mariazell, bei dem sämtliches Botschaftspersonal mit Familie anwesend war. Auch eine Einladung in die Botschaft wurde ausgesprochen.

Es war der Anfang für viele wunderbare Erlebnisse. Evelyn schloss ihr Studium nach einer zehnjährigen Unterbrechung erfolgreich ab und wir heirateten. Nun haben wir eine liebenswerte Tochter und sind das, was man glücklich nennt.

ZWISCHEN UNS
Helene

G. und ich lernten uns im Jahr 1986 in einem Lokal beim Tanzen kennen. Die Chemie stimmte sofort. Aber zwischen unseren jeweiligen Wohnorten lagen 550 Kilometer.

Wir verbrachten zwei wunderbare Jahre der »Fernbeziehung«, aber aus privaten Gründen konnte keiner von uns seine Wohnsituation verändern.

Nach diesen zwei Jahren lernte ich in meinem Wohnort jemanden kennen und beendete schweren Herzens meinen Kontakt zu G. Aus diesem neuen Kennenlernen wurden 32 Jahre Beziehung mit Höhen und Tiefen. Dieser Mann wollte mich auch heiraten, aber er war nicht MEIN G., der mir nie aus dem Kopf ging. Unbewusst gaben mir Gedanken an ihn viel Kraft, besonders, wenn gerade etwas nicht so gut lief.

Mein Partner starb vor vier Jahren an Demenz, nachdem ich ihn sieben Jahre zu Hause gepflegt hatte. Nach der ersten Trauerphase musste ich wieder an meinen G. denken. Was er wohl in all der Zeit getan hatte? Ich traute mich aber nicht anzurufen, denn G. war mittlerweile 83 Jahre alt. Was, wenn er mich schon längst aus seiner Erinnerung verdrängt hatte?

Trotzdem konnte ich nicht aufhören, über ihn nachzudenken.

Wie war es ihm wohl ergangen?

Er war zwar immer sehr sportlich gewesen, aber wie mochte sich im Alter seine geistige und körperliche Verfassung verändert haben?

Im Februar des Jahres 2023 sah ich im Fernsehen die Sendung *Bares für Rares* mit Horst Lichter, die ich eigentlich sehr selten einschaltete.

Ich traute meinen Augen nicht! Ich sah meinen G. hereinspazieren! Da wusste ich nun, dass ich ihm unbedingt schreiben musste. Was ich dann auch getan habe, indem ich ihm einen Briefgruß sendete.

Ich überließ es ihm, zu antworten. Kaum war der Brief abgesendet, wartete ich jedoch fieberhaft, ob ein Zeichen von ihm kommen würde. Es dauerte kaum einen Tag und das Telefon klingelte. Er ist jetzt 87 Jahre alt und ich bin 76 Jahre, aber wir sind uns immer noch sehr vertraut. Aus der Ferne werde ich täglich mit Blumen, Worten und netten Gedichten verwöhnt.

Ob wir uns wohl noch einmal begegnen? Ich möchte gerne meinen Kopf an seine Schulter lehnen und er will seinen Arm um mich legen.

Wir möchten uns treffen, aber die örtliche Distanz ist nach wie vor unverändert und es ist uns nur schwer möglich, diese Strecke mit dem Auto zurückzulegen. Aber ich bleibe zuversichtlich!

TANZEN
Brigitte

Wie lange musste ich darauf warten, endlich wieder im Arm gehalten zu werden und über das Tanzparkett schweben zu dürfen. Zusammen mit dir erscheint ein Lichtstreifen am Horizont! Du lässt mich das Leben wieder spüren und mich daran teilhaben! Dabei hatte ich schon lange alle Hoffnung verloren ...

*H*art waren die Jahre davor.

Ich musste die 24-Stunden-Betreuung für meine Mutter organisieren und dazu all ihre Finanzen verwalten. Daneben gab es auch noch den »Fulltime-Job« als Schulleiterin einer Privatschule zu bewältigen – in Corona-Zeiten kein einfaches Unterfangen. Ja, und dann war da noch der chronisch kranke Mann an meiner Seite! *Morbus Bechterew* seit seinem 23. Lebensjahr, danach schwere Depressionen und Panikattacken und schlussendlich vor einigen Jahren die Diagnose *Morbus Parkinson*.

Während des Winters schritt die Krankheit schnell voran und ließ uns beide oft verzweifeln. Diese Verzweiflung führte schließlich zum tragischen Ende – zum Freitod meines Mannes.

Als ich meinen Mann tot auffand, brach eine Welt für mich zusammen. 43 Jahre lang waren wir verheiratet gewesen, gemeinsam durch dick und dünn gegangen und hatten trotz der zahlreichen Hürden wunderschöne Zeiten miteinander verlebt. Das Bild wird mich mein gesamtes weiteres Leben begleiten. Damit muss ich nun klarkommen.

Meine Mutter verstarb am Muttertag und im darauffolgenden Herbst trat ich meine Pensionierung an. Ohne meinen Mann blieb eine riesengroße Leere.

Irgendwie muss man weiter funktionieren, irgendwie weiter existieren. Als »Leben« konnte ich es nicht empfinden, dafür waren die Krater meiner Existenz zu riesig, brachen die endlos dürre Landschaft meines Daseins auf.

Was nun? Wie sollte es weitergehen? Das Netzwerk von Familie und Freunden funktionierte anfänglich sehr gut. Besuche, Einladungen, Telefonate – all das lenkte mich für kurze Zeit ab.

Schon nach ein paar Wochen ging der Alltag aber für alle weiter, meiner sollte und konnte nie mehr so werden wie zuvor. Meiner Tochter zur Last fallen wollte ich auf keinen Fall. Sie sollte ihre Trauer auf ihre Art bewältigen können und zu einer gewissen Normalität mit Mann und Tochter zurückfinden. Medikamente lehnte ich strikt ab, aber zum ersten Mal in meinem Leben nahm ich Hilfe in Form von Psychotherapie in Anspruch. Die Sitzungen taten gut und brachten kurzfristig etwas Ruhe für meine aufgewühlte Seele.

Und dann kam der Tag, als mich liebe Freunde besuchten. Er sollte eine entscheidende Wendung bringen.

»Du musst auf andere Gedanken kommen«, meinte der Freund, ein lieber Ex-Kollege meines verstorbenen Mannes. Wir saßen in meinem Haus beisammen. Die beiden sprachen sehr offen über ihr Kennenlernen.

»Wir haben uns über eine Dating-Plattform gefunden«, erzählte er. »Wir haben beide lange gesucht und können dir so manche lustige, enttäuschende und interessante Geschichte erzählen, aber schlussendlich gab's ein Happy End und wir haben geheiratet.«

Beide schilderten ihre Erfahrungen. Schließlich sagte er: »Komm, hol jetzt deinen Laptop! Wir gestalten zusammen dein Profil. Du bist viel zu jung, um allein zu bleiben. Du hast dein Leben noch vor dir.«

Wir lachten viel und hatten beim Erstellen des Profils jede Menge Spaß. Geschummelt wurde nicht, denn das kam für mich nicht infrage. Ich erfuhr, dass die meisten Suchenden beim Alter nicht ehrlich sind beziehungsweise »jugendliche« Fotos posten.

Ich wählte aktuelle Bilder aus, aber auch zwei Profifotos, die eine Fotografin von mir gemacht hatte. Hobbys, Vorlieben und dergleichen wurden eingetragen. Dann folgte der Klick auf »Bestätigen«. Kaum ging mein Profil online, ploppte der erste Kontakt auf. Ein netter Mann, in Zürich lebend, zeigte Interesse an meiner Person.

»Na, das ging aber schnell«, dachte ich mir und musste schmunzeln. Allerdings fand ich die Entfernung für eine Beziehung doch etwas zu weit. Zahlreiche Interessenten meldeten sich in den nächsten Tagen und die Korrespondenz lenkte mich ein wenig vom grauen Alltag ab.

Ein Kandidat stach mir besonders ins Auge. Er hatte seine Liebe zum Tanzen prominent platziert. Das Tanzen hatte mein Leben früher auch sehr bereichert. Bis zum »Übungsleiter für Tanzsport« hatte ich Ausbildungen gemacht und das Tanzen immer als ein wahres Lebenselixier empfunden. Lange hatte ich darauf verzichten müssen.

»Auch wenn wir nicht so viele Punkte beim Matching haben, versuche ich es. Ich würde dich gern kennenlernen«, so lautete die erste Botschaft über die Dating-Plattform.

Der Stock-im-Eisen-Platz in Wien wurde als Treffpunkt vereinbart. Vom ersten Moment an fühlte ich eine besondere Verbindung, fast eine Vertrautheit. Kurzer Spaziergang bis zum Heldenplatz, nettes Gespräch bei einem Kaffee, Begleitung bis zum U-Bahn-Abgang ... das erste Treffen fühlte sich gut an. Und viele weitere sollten folgen!

Und jetzt werde ich im Arm gehalten und gleite über das Tanzparkett. Ich spüre deine Wärme und Nähe, empfinde wieder Dankbarkeit für mein Schicksal, für die Fügung, die uns zusammengebracht hat.
»Es geht aufwärts! Das Leben ist für mich noch nicht vorbei! Ich darf wieder auf eine bessere Zukunft hoffen«, so denke ich und lasse mich von dir voll Zuversicht über das Parkett führen.

Familie & Freundschaft

DAS WINKEN
Celina

Da ich nach der Geburt meiner Tochter Ina-Minou zwei Fehlgeburten durchmachen musste, war ich in großer Sorge, als ich wieder schwanger wurde.

Ich wusste, dass ich diesmal einen Sohn bekommen sollte und hatte mich für den Namen Tamino entschieden. In der 11. Schwangerschaftswoche war ich bei meiner Frauenärztin zur ersten Untersuchung bestellt. Obwohl bisher alles gut verlaufen war, wollten mich Unsicherheit und Angst nicht verlassen.

Bei der Ultraschalluntersuchung war mein kleiner Sohn deutlich zu sehen, er hatte sich bereits gut entwickelt. Seine Arme, seine Beine, sein kleines Köpfchen. Entspannt lag er in meinem Bäuchlein.

Auf einmal aber war eine unvermutete Bewegung am Ultraschallmonitor zu erkennen: Mein Sohn winkte uns zu!

Es war keine Einbildung, die Ärztin hatte es auch gesehen.

Dieses Bild gab mir Zuversicht.

Jedes Mal, wenn ich in meiner Schwangerschaft Sorgen hatte, dass etwas nicht stimmte, weil ich Tamino zum Beispiel nicht mehr spürte, rief ich mir dieses Bild in Erinnerung, wie er mir zuwinkte. Es beruhigte mich und gab mir den Glauben, alles würde diesmal gut gehen.

Genau am errechneten Geburtstermin kam mein kleiner »Termino« zur Welt. Er hatte es plötzlich ziemlich eilig. Es kam bei der Geburt zu einem Nabelschnurvorfall. Dank eines Notkaiserschnitts konnte er gesund und munter das Licht der Welt erblicken. Als ich ihn das erste Mal in meinen Armen hielt, lächelte er mich zufrieden an.

Das Winken und sein erstes Lächeln begleiten mich seither ständig. Auch heute noch, wenn es zu den alltäglichen Sorgen kommt, die man mit Kindern so hat, rufe ich mir diese zwei Bilder in Erinnerung. Sie geben mir ein wohliges Gefühl und Zuversicht, dass alles gut wird.

Mein Sohn ist jetzt zwölf Jahre alt, gesund und munter, spielt leidenschaftlich Fußball und überrascht mich immer wieder aufs Neue.

Dies ist eine kleine Geschichte, doch es tut so gut, in den kleinen, scheinbar unwichtigen Dingen Zuversicht zu finden.

DAS LICHT DER LIEBE
Erika

In meinem Leben gab es schon viele schlimme Situationen, die mich tief erschütterten. Eine davon möchte ich erzählen, denn damals ist mir klar geworden, was mir Zuversicht schenkt. Egal, wie schlimm und aussichtslos eine Lebenssituation scheinen mag.

Dienstag, 8. Juni 2010, 17.45 Uhr

Ich war gerade vom Krankenhausdienst nach Hause gekommen. Am Nachmittag gab es ein heftiges Sommergewitter in Niederösterreich, mit Hagelschauer und starkem Wind. Ich dachte an meinen ältesten Sohn Christian, der in der betroffenen Gegend im Team der Glasfaserverlegung der ÖBB seinen Dienst verrichtete.

Als ich beim Abendessen saß, läutete es an der Tür. Um diese Zeit erwartete ich weder Post noch Besuch und mein Jüngster hatte einen Wohnungsschlüssel. Wer also konnte es sein?

Ich öffnete. Zwei Polizeibeamtinnen standen draußen und baten um Einlass. Mir stockte der Atem, als ich ihre ernsten Gesichter sah.

»Sie müssen jetzt stark sein«, begannen sie. »Ihr Sohn Christian hatte einen schweren Autounfall und wurde mit dem Notarzthubschrauber nach Wien in das Hanusch-Krankenhaus geflogen. Alles weitere erfahren Sie direkt vom Krankenhaus, Sie bekommen von uns die Telefonnummer der zuständigen Abteilung.«

Ich ging wortlos zum Schreibtisch und notierte mir alles. Die Beamtinnen fragten besorgt, ob ich ein Glas Wasser bräuchte, und öffneten das Fenster, damit ich wieder ein wenig zu mir kam. Ich funktionierte wie ein Roboter, bedankte mich und begleitete sie zur Tür.

Dann rief ich sofort im Krankenhaus an, um mich nach meinem Sohn zu erkundigen. Ich erfuhr, dass er gerade am Hüftgelenk notoperiert wurde. Im Anschluss würde er auf die Intensivstation verlegt und in künstlichen Tiefschlaf versetzt werden, da er einen Lungenriss erlitten hatte.

Wir könnten ihn erst in den nächsten Tagen besuchen, »auf keinen Fall heute«, schärfte mir die Ärztin am Telefon ein. Als ich sie fragte, ob mein Sohn wieder gesund werden würde, zögerte sie mit der Antwort. Schließlich sagte sie, man könne derzeit noch nichts Konkretes sagen, denn es seien noch nicht alle Untersuchungen abgeschlossen.

Eine halbe Ewigkeit saß ich da und starrte ins Nichts. Alles erschien mir unwirklich, als wäre es nur ein böser Traum.

Diese Nacht umfing mich wie ein finsteres Loch. Ich starrte vor mich hin, weinte und war in meiner Vorstellung bei meinem schwer verletzten Sohn, der im Tiefschlaf lag. Welche Verletzungen hatte er womöglich noch erlitten? Wie er aussehen mochte, wenn ich ihn das nächste Mal sah? Ich hatte solche Angst, ihn zu verlieren.

Ich fand keinen Schlaf, obwohl ich ihn so nötig gehabt hätte. Als ich mich wieder einmal zur Seite drehte, die Augen geschlossen und voller Tränen, geschah etwas, das mich überwältigte. Ich habe bis heute keine vernünftige Erklärung dafür gefunden.

Durch die Augenlider drang ein Licht, das hell und gleichzeitig weich war. Es umhüllte mich mit Wärme, als würde mich jemand tröstend umarmen und in den Schlaf wiegen. Ich musste darauf fest eingeschlafen sein, denn als ich die Augen wieder öffnete, war der Morgen hell und klar angebrochen.

Dieses Licht konnte ich mir nicht logisch erklären. Mein Verstand sagte mir, es müsse von der Übermüdung und dem Schock hervorgerufen worden sein.

Ich rief sofort auf der Intensivstation an und wurde ein wenig beruhigt. Die klinischen Werte seien gut und Christian liege im Tiefschlaf. Wann immer wir mochten, konnten seine Freundin, sein Bruder und ich ihn auf der Station besuchen.

Auf dem Weg zum Krankenhaus sprach niemand ein Wort. Welcher Anblick würde uns wohl erwarten?

Wir kamen zu einem Park vor dem Krankenhaus, mit Bänken für Patienten und Besucher. Auf einmal spürte ich schlagartig wieder jene Wärme, die mich gestern Nacht in den Schlaf gewiegt hatte. Aus unerklärlichen Gründen überkam mich eine Welle der Zuversicht.

Ich blieb stehen, zeigte zum Park und sagte laut: »Bald werden wir dort mit Christian sitzen und die Sonne genießen.«

Für die anderen klang das wohl wenig realistisch. Auf der Intensivstation durften wir nur einzeln zu Christian, steril gekleidet mit Mundschutz, da Intensivstationen keimfrei gehalten werden müssen.

Wie eine Wachsfigur lag er da, die Augen mit Pflastern verklebt, damit sie nicht austrocknen konnten, mit Narben am Mund und am Kinn. In seinem Mund steckte der Beatmungsschlauch. Sein Brustkorb hob und senkte sich mit den Pumplauten der Beatmungsmaschine, an die er angeschlossen war. Die Lunge sollte geschont werden, damit sie heilen konnte. Unter dem Bettlaken konnte man Gipsverbände erahnen, außerdem hatte er eine Metallschiene am linken Bein von der Hüfte bis zum Knie.

Ich strich sanft über seine blasse Hand und flüsterte: »Wir lieben dich, wir werden dich begleiten, wir schaffen das gemeinsam.«

Es dauerte Wochen, bis er aus dem Tiefschlaf geholt werden konnte. Wir waren täglich bei ihm. Er hatte neben zahlreichen Verletzungen auch einen Bruch der Halswirbelsäule erlitten, aber keine Verletzung des Wirbelkanals. Erst kurz vor der Reha wurde er an der Halswirbelsäule operiert, um die Gefahr einer Querschnittlähmung zu bannen.

Nach einem langen und mühsamen Jahr voll kleiner Schritte schaffte er es, in seinen Job zurückzukehren, wieder Reisen mit seiner Freundin zu unternehmen und mit uns allen ein ausgiebiges Geburtstagsfest zu feiern.

Mir wurde in dieser Zeit bewusst, dass es Liebe ist, die uns in den schlimmsten Zeiten trägt und wärmt.

Unvergesslich bis heute ist dieses liebevolle Licht, das ich durch geschlossene Augen wahrgenommen und das mich bis ins Herz hinein gewärmt hatte. So ein Licht ist wohl stets in uns allen, auch wenn wir es nicht immer bemerken.

Ich bin überzeugt davon, dass Liebe uns unendliche Energie und Zuversicht schenken kann. Sie ist die höchste Kraft im Leben.

NAVID
Adelheid

Navid gehörte zu uns. Er war zu einem Familienmitglied geworden. Ein Familienmitglied, das nicht länger bei uns bleiben durfte. Völlig überraschend war fünf Tage zuvor der negative Bescheid gekommen. Damit war seine Hoffnung zunichte gemacht worden, sein Leben doch noch in Österreich weiterführen zu können.

Fast fünf Jahre hatte er sich bemüht, alles zu lernen und zu tun, um sich in Österreich bestmöglich zu integrieren. Den Großteil seiner Zeit hatte Navid ehrenamtlichen Tätigkeiten gewidmet.

Was war der Lohn für all seine Bemühungen? In unserem Land war ihm nie das Gefühl vermittelt worden, gleichwertig zu sein. Im Gegenteil: Die drohende Abschiebung nach Afghanistan kam einer Verletzung der Menschenrechte gleich, da eine Rückkehr seinen Tod bedeuten konnte.

Welche Wahl blieb ihm? Er musste Österreich verlassen, brachte es aber nicht übers Herz, uns zu verlassen – seine neue Familie. Dennoch war der Zeitpunkt gekommen. Die Angst, von der Polizei abgeholt und in Schubhaft genommen zu werden, war übermächtig.

Navid musste weg. Schon am nächsten Tag sollte es soweit sein. Er musste aus Österreich, einem der sichersten Länder der Erde, in ein Land zurückkehren, wo er in den Tod geschickt werden sollte.

»Ihr seid alles für mich«, sagte er beim Abschied. »Ihr seid ein Geschenk Gottes!«
Noch einmal betonte er, wie viel wir ihm bedeuteten und wie schwer ihm der Abschied fiel. Jeder wollte diesen Moment so lange wie möglich hinauszögern. Dennoch war es irgendwann so weit. Navid umarmte jedes der Kinder innig. Tränen floßen. Unsere Jüngste konnte er kaum loslassen. Er hing so sehr an »seiner kleinen Schwester«. Immer wieder nahm er sie in den Arm. Sie weinte bitterlich und schmiegte sich an mich. Ein letztes Mal drehte er sich weinend zu uns um und winkte uns zu.
Dann war er nicht mehr zu sehen. Er saß im Auto. Sie fuhren weg. Wir schauten ihnen nach, bis die Lichter verschwunden waren. Alle weinten. Navid war fort.

Ein Jahr und unzählige Bemühungen, Briefe, Gespräche, Interventionen sowie hunderte Gebete später: Navid schickt ein Foto von sich. In Siegerpose, mit strahlendem Lächeln steht er vor dem BFA, dem Bundesamt für Fremdenwesen, und hält seine Karte für die Aufenthaltsberechtigung in die Kamera. Er hat es geschafft. Er darf in Österreich bleiben. Selbst Navid hatte den Glauben schon fast aufgegeben. Doch letztlich hat sich alles zum Guten gewendet. Auch durch die Hilfe eines wichtigen Kirchenmannes.

Immer wieder kommt mir eines meiner Lieblingskirchenlieder in den Sinn: »Wer nur den lieben Gott lässt walten.« Die letzte Strophe endet auf folgenden Vers: »Denn welcher seine Zuversicht auf Gott setzt, den verlässt er nicht.«

VERSPRECHEN
Jasminka

Von 1991 bis 1995 war ich in meiner ehemaligen Heimat Jugoslawien während des Kriegs im humanitären Einsatz. Das erste Jahr privat, dann für CARE Österreich und das Hilfswerk als freie Mitarbeiterin und Projektleiterin. In diesen Jahren habe ich tausenden Menschen geholfen, vor allem lag mir das Schicksal von Kindern am Herzen. Gemeinsam mit meinem Team organisierte ich Lebensmittel, Medikamente, Bekleidung, Schulsachen und transportierte diese Dinge in die Kriegsregionen.

Bei einem Einsatz wurde ich von einer Granate schwer verletzt. Splitter davon trage ich noch immer in mir. In dieser Zeit konnte ich durch Unterstützung der Landesregierung Steiermark auch Kinder aus der Gefahrenzone holen und ins LKH Graz bringen, wo ihnen medizinisch geholfen wurde. Über diese Erfahrungen schrieb ich schließlich ein Buch.

Doch selbst als keine Granaten mehr explodierten, war der Krieg für mich nicht zu Ende. Ich litt an Kriegstrauma und schweren Depressionen, die Bilder von Leid und Zerstörung verfolgten mich Tag und Nacht.

Ich hatte Angst, meine Augen zu schließen und die Vergangenheit heraufzubeschwören. Ich wünschte mir, die Nächte wären schnell vorbei. Als Abwehrmaßnahme aß ich alles, was ich im Kühlschrank finden konnte. Bald wog ich über hundert Kilogramm und fühlte mich fürchterlich. Ich wusste nicht, wie ich die Kraft finden sollte, mich aus dieser Situation zu befreien.

2009 erhielt ich eine wundervolle Nachricht. Unser Enkelsohn Florian wurde geboren. Meine drei erwachsenen Kinder Oliver, Günther und Melanie sowie meine Enkelkinder Christina, Clemens und Florian sind mein ganzer Stolz. Florian war das erste Enkelkind, und die Nachricht seiner Geburt löste in mir ein unbeschreibliches Glück aus. Jetzt, das fühlte ich, würde alles besser werden. Auch für mich.

Doch kurz nach Florians Geburt erfuhr ich, dass er an einem angeborenen Herzfehler namens Hypoplastisches Linksherzsyndrom litt (die linke Seite des Herzens entwickelt sich dabei nicht ausreichend).

So viele Kinder konnte ich im Krieg retten und nun sollte ich mein eigenes Enkelkind nicht retten können? War das etwa fair? Hoffnung und Zuversicht verschwanden.

Bereits am Tag nach der Diagnose wurde Florian sofort nach Linz auf die Kinderherzchirurgie überstellt. Wollte man seine Krankheit behandeln, würde es drei Operationen benötigen, die erste wäre die gefährlichste.

Es war alles andere als sicher, dass Florian diesen Eingriff überleben würde. Also beschlossen mein Sohn und seine Lebensgefährtin, Florian davor noch taufen zu lassen. Ich fuhr gemeinsam mit meinem Mann am Tag der Operation nach Linz. Während der ganzen Fahrt klopfte mein Herz schmerzhaft in meiner Brust. Ich konnte nicht aufhören zu weinen.

Während wir warteten, versprach ich mir selbst alle möglichen Dinge, wenn Florian nur gesund werden dürfte. Wir würden die Taufe feiern, wenn er nach Hause käme. Ich würde mit ihm Fahrrad fahren und Fußball spielen. Ich wollte abnehmen und mit dem Rauchen aufhören. Und ich würde zum Christentum konvertieren (ich war Muslimin) und an verschiedene Wallfahrtsorte pilgern. Ich wollte mein Leben völlig verändern und war bereit, Florian alles zu geben. Nur, so bat ich, lass ihn gesund sein.

Der Tag schien nicht vergehen zu wollen. Ich konnte meinen Blick nicht von der Uhr nehmen. Die Operation dauerte fünfzehn Stunden. Endlich teilte uns Florians Mutter mit, dass es unserem Sonnenschein den Umständen entsprechend gut gehe. Ich dankte dem Himmel.

Nach drei Monaten hatte Florian seine zweite Operation und überstand auch diese gut. Vier Monate nach seiner Geburt konnte er das erste Mal nach Hause kommen und in der Wiege schlafen, in der auch sein Vater als Baby geschlafen hatte.

Ich hatte zu diesem Zeitpunkt bereits mit dem Rauchen aufgehört. Ein paar Wochen später feierten wir wie versprochen Florians Taufe. In seinen ersten drei Lebensjahren habe ich alle Versprechen nach und nach eingelöst. Fünf Mal ging ich am Monatsersten nach Mariazell (von meinem Wohnort aus etwa vierzig Kilometer). Florian und ich fuhren gemeinsam Rad, spielten Fußball und besuchten mehrmals den Kiddy-Contest in Wien, von dem Florian begeistert war.

Nachdem Florians letzte Operation erfolgreich verlaufen war, nahm ich mir einen Monat Auszeit und flog nach Spanien. Voller Demut und Zuversicht wollte ich mein letztes großes Versprechen einlösen und für Florian den Jakobsweg gehen.

Bei jeder Etappe strahlte ich vor Glück. Nach 500 Kilometern war leider Schluss, da ich mir das Schienbein brach. Aber ich nehme mir fest vor, die Pilgerreise nächstes Jahr fortzusetzen!

Mittlerweile habe ich fünfzig Kilogramm abgenommen. Ich genieße jeden Augenblick mit meinen drei Enkelkindern und weiß, dass es nicht selbstverständlich ist, wie unsere Geschichte ausging.

Florian wird sein ganzes Leben lang Medikamente nehmen müssen, aber ich bin unendlich dankbar für die Zeit, die ich mit ihm verbringen darf. Ich habe viele Versprechen eingelöst, das größte jedoch ist Florians Geschenk an mich: das Versprechen der Zuversicht.

EIN LÄCHELN ZUM HOCHZEITSTAG

Yvette

Es war der erste Hochzeitstag meiner Tochter. Sie und ihr Mann sind die Eltern unserer einzigen Enkelin. Damals war unsere Enkelin noch sehr klein, gerade erst acht Monate alt, und litt am West-Syndrom, einer schweren Form von Epilepsie. Unsere Tochter und ihr Mann waren Tag und Nacht bei ihr im Spital.

Der behandelnde Arzt erkannte, wie nervenaufreibend die Sorge um das Kind für uns als Familie war und riet den Eltern, einen Abend lang eine kleine Auszeit zu nehmen. Sie sollten sich etwas Schönes gönnen. Also beschlossen mein Mann und ich, bei unserer Enkeltochter im Spital zu bleiben.

Das West-Syndrom macht es dem Erkrankten schwer zu lächeln. So kam es, dass unsere Enkelin stets einen apathischen, ernsten Gesichtsausdruck hatte. An diesem Tag zeigten die Medikamente zum ersten Mal Wirkung und die Anfälle nahmen ab. Opa und Oma hielten Nachtwache, während die Eltern ein gutes Essen genossen. Wir saßen am Bett und betrachteten die Kleine mit ihrem ernsten Gesicht. Unsere Anwesenheit schien sie nicht weiter zu berühren, was wir nicht persönlich nahmen. Wir kannten die medizinischen Gründe.

Als meine Tochter und ihr Mann leise die Tür öffneten und zurück ins Zimmer kamen, wachte meine Enkeltochter auf. Sie sah ihre Eltern und lächelte sie an. Das erste Lächeln nach langer Zeit.

Ein schöneres Geschenk hätte ich mir für unsere Tochter zum ersten Hochzeitstag nicht vorstellen können. Und auch uns, den Großeltern, schenkte dieses kleine Lächeln neue Kraft und verwandelte unsere Verzweiflung in Zuversicht.

Heute ist die Kleine, um deren Leben wir uns so sorgen mussten, 22 Jahre alt und die Epilepsie komplett ausgeheilt.

DIE WAHRE GESCHICHTE VON TIMMY-BÄR, DEM MINISCHWEIN

(von ihm persönlich erzählt)

Anna und Harald

Als sich diese Geschichte abspielte, war ich drei Jahre alt und ein stolzes Stadtschwein. Mit meinen beiden Besitzern wohnte ich in Graz, in einem Mietshaus im 3. Stock mit Lift. Ich liebte das Liftfahren.

Wir gingen jeden Tag mindestens zwei Mal spazieren, ich vorschriftsmäßig an der Leine.

Auf einer großen Wiese in der Nähe spielte ich oft mit den Hunden aus meiner Umgebung und tobte mit ihnen herum.

Eine Zeitungsreporterin machte Fotos von mir und schrieb einen Artikel über mich. Meine Besitzer waren stolz, bald aber auch besorgt, da einige Leute viele Vorurteile gegenüber Schweinen wie mich haben. Sie zeigten einem Bezirksfunktionär den Zeitungsartikel und beschwerten sich. »Das kann ja nicht sein, ein Schwein bei uns im Bezirk, die stinken alle und machen überall hin!«

Der Funktionär nahm sich der Beschwerden an und informierte den Amtstierarzt.

Dieser kam unangemeldet zu uns in die Wohnung, schaute sich um und war mit meinem Zustand sowie meinem Umfeld sehr zufrieden.

Aber wir verstießen gegen die Auflagen eines EU-Gesetzes: Laut diesem Gesetz brauchte ich ein zweites Schweinchen neben mir, einen Zugang zu einer Suhle sowie Strohbett und Stall. Das alles hatte ich im 3. Stock natürlich nicht.

Das war ein harter Schlag, denn meine Besitzer kümmerten sich gut um mich. Sie spielten und rauften mit mir, sie kraulten mir den Bauch und wenn sie arbeiten gingen, hatte ich meine Freundin Jasmin, eine Siamkatze, und Wickerl, ein Meerschweinchen, als Gesellschaft. Ich fühlte mich also »sauwohl«.

Aber der Tierarzt musste sich an das Gesetz halten und amtshandeln. Also stellte er einen Bescheid aus, dass ich in 14 Tagen weg musste, wenn meine Besitzer die EU-Auflagen nicht erfüllen konnten.

Meine Besitzer und ich waren verzweifelt. Ich wollte nicht weggeholt werden wie ein Schrank, ich bin ein Schwein mit Gefühlen. Der Amtstierarzt wusste das alles, aber Gesetz war Gesetz.

Nur noch zwölf Tage, bis ich geholt werden würde.

Mein Frauchen träumte in einer dieser Nächte von einem kleinen Haus mit einer Veranda davor. Auf dieser Veranda saß sie in einem Schaukelstuhl, ich neben ihr, groß, aber schon mit weißen Barthaaren.

Wir brauchten ein Haus. Normalerweise aber ist es nicht möglich, in nur zwölf Tagen ein Haus zu bekommen.

Meine Besitzer gaben nicht auf und schafften es: Neben ihrer Arbeit fanden sie ein Haus, besorgten den Kredit für den Kauf und schafften uns so ein neues Heim.

Wir übersiedelten aufs Land.

Neben dem Haus wurde ein kleines Nebengebäude in einen Stall umgebaut, mit einem überdachten Vorplatz, einem kleinen Gehege mit Auslauf und eigener Suhle.

Glücklich war ich darüber nicht. Ich bin ein Stadtschwein, kein Landschwein.

Ich wühle nicht gerne, mache mich nicht gerne schmutzig und brauche keine Suhle, ich brauche eine große Wanne und sauberes Wasser zum Waschen und meine Kuscheldecke.

Mir fehlte die Stadt, der Gehsteig, die Autos, meine Hundefreunde.

Auf dem Land gab es keine Zebrastreifen, wo die Autos stehen bleiben mussten, wenn ich an der Leine die Straße überquerte. Ich liebte die fassungslosen Blicke der Leute!

Jetzt musste ich in meinem Stall und im Gehege bleiben.

Nach einer Weile bereiteten mir die Spaziergänge im Wald aber immer mehr Freude. Mir gefielen die vielen neuen Gerüche und Geräusche.

Ich war allerdings viel allein, da Jasmin, die Siamkatze, im Haus blieb und Wickerl leider nicht mehr lebte.

Wieder haben meine Besitzer alles dran gesetzt, mich glücklich zu machen. Sie tauchten eines Tages mit einem Ferkel auf. Es sei meine kleine Schwester, sagten sie. Sie nannten sie liebevoll »Hexe«.

Hexe war klein, mit weißen Borsten, schwarzen Punkten und dunklen Augen. Ich war zu Beginn eifersüchtig, weil alle Hexe bestaunten und »süß« fanden.

Ich bin ein schwarzer Saubär mit einem weißen Kamm am Rücken und mit großen Hauern. Ich wollte die Liebe meiner Besitzer nicht teilen. Hexe bekam einen Teil meines Stalls und einen Extrazaun rund um das Gehege.

Ich machte Hexe schon am ersten Tag klar, dass ich hier der Chef war und sie nicht mochte. Als sie ein kleines Loch im Zaun entdeckte und durchschlüpfte, war mir das nur recht.

Meine Besitzer waren allerdings entsetzt und traurig. Nach einer verzweifelten Suche gelang es am Ende des Tages, Hexe einzufangen.

Sie war müde, hungrig und durstig, und vor mir hatte sie Angst.

Ich fühle mich schlecht, das gebe ich zu. Eigentlich hat sie ja wirklich schöne dunkle Augen mit langen Wimpern und einen entzückenden kleinen Schmollmund. Und seit sie da ist, bin ich nicht mehr allein.

Es hat eine Zeit gedauert, aber jetzt verstehen wir uns und mögen uns sogar.

Meine Besitzer sind die besten. Hätten sie einfach aufgegeben, wäre ich schon lange tot. Sie haben die Zuversicht auf eine gute Lösung nie aufgegeben und sind heute froh, nicht mehr in der Stadt zu leben.

Damals, als wir die Stadt verlassen mussten, war ich drei Jahre alt.

Jetzt bin ich bereits 15 und fühle mich auf dem Land endlich sauwohl.

WURZELN
Sophie-Theres und Katarzyna

Ich wurde vor 54 Jahren in Breslau, einer Stadt in Polen, geboren. Meine Eltern waren beide sehr jung gewesen, um die zwanzig Jahre. Meine Großeltern wollten meine Mutter damals so schnell wie möglich verheiraten, um von der Stadt aufs Land ziehen zu können und ihr, als erstgeborene Tochter, die Wohnung zu vermachen. Unverheiratet wäre das zu dieser Zeit nicht vorstellbar gewesen.

Meine Mutter kannte meinen Vater also nur relativ kurz, als sie heirateten. Er war ein großer, gutaussehender Mann, kam aus ärmlichen Verhältnissen, war kindisch und hatte nur Spielen und Trinken im Kopf. Trotzdem behielt meine Mutter die Hoffnung, dass er durch die Ehe erwachsener werden würde. Da meine Mutter beruflich sehr erfolgreich war, sah er jedoch wenig Notwendigkeit, sich anzustrengen.

Nach der Hochzeit wurde meine Mutter bald erneut schwanger.

Die Ehe aber verlief, kurz gesagt, nicht gut.

Mein Vater kümmerte sich nur um sich selbst, war cholerisch und begann, das Geld, das meine Mutter nach Hause brachte, zu verspielen und zu vertrinken. Auf ihrem Arbeitsplatz lernte meine Mutter einen Österreicher kennen, der in Polen aufgewachsen war, und verliebte sich in ihn. Der Mann bot ihr an, sie nach Wien mitzunehmen und mit ihr ein neues Leben zu beginnen.

Meine Mutter beantragte die Scheidung und nach einer Abfindung willigte mein Vater ein. Er unterschrieb, dass er auf jeglichen Anspruch des Sorgerechts verzichten würde.

Die letzte Hürde war die Ausreise. Meine Mutter ließ mich bei meiner Großmutter und reiste nach Österreich, um alles vorzubereiten.

Ihre Seite der Familie war über den neuen Mann und den Umzug nach Österreich eingeweiht, die Familie meines Vaters und er selbst nicht. Er durfte unter keinen Umständen erfahren, dass ein anderer Mann Grund für die Scheidung gewesen war.

Als meine Mutter mich ein Jahr später nachholte, brauchte sie das Einverständnis meines Vaters, um mich mit über die Grenze zu nehmen.

Er sträubte sich natürlich. Er hatte allerdings das Geld der ersten Abfindung bereits verspielt. So willigte er ein, als er den gleichen Betrag noch einmal erhalten sollte.

Mein Vater hat mich also an diesem Tag »verkauft«.

Ich war 7 Jahre alt.

46 Jahre lang hörten wir nichts von meinem Vater oder seiner Familie – er hatte sieben Schwestern. Ich versuchte in dieser Zeit auch nie, Kontakt mit ihm aufzunehmen oder ihn zu finden. Ich hatte noch nicht einmal Fotos von ihm.

Mit 27 war ich verheiratet und hatte eine eigene Familie mit zwei Töchtern. In dieser Zeit wurde mein Wunsch, zu erfahren, wo ich herkam, immer größer.

Es war jedoch nicht der Wunsch, meinen Vater kennenzulernen, sondern die Fragen, die sich mir im Laufe der Zeit aufgedrängt hatten. War er wieder eine Ehe eingegangen? Hatte ich noch (Halb-)Geschwister? Wie ging es meinen Tanten, die damals sehr liebevoll mit mir umgegangen waren?

Ich rechnete, um ehrlich zu sein, damit, dass mein Vater bereits gestorben war. Bei seinem Lebensstil wäre das kein Wunder gewesen.

Wir fuhren des Öfteren nach Polen, um die Familie meiner Mutter (die nicht mehr in meiner Geburtsstadt lebte) zu besuchen. Das Verlangen, nach meinen Wurzeln zu suchen, wurde noch größer, als meine Töchter erwachsen wurden und auszogen.

Letzten Sommer war es dann so weit. Ich plante gemeinsam mit meiner Mutter eine Reise nach Polen, um die Stadt zu besuchen, in der ich geboren worden war. Dabei spielte der Gedanke an meinen Vater und seine Familie keine so große Rolle. Ich wollte sehen, was aus der Stadt geworden war und ob ich mich noch an etwas erinnern konnte.

Wir verbrachten drei Tage in Breslau. Für mich war es eine schöne Zeit mit einigen Aha-Erlebnissen, wenn ich beispielsweise Orte aus meinen Träumen wiedererkannte. Ich hatte das Gefühl, langsam verlorene Teile von mir aufzusammeln und zusammenzusetzen.

Ich wurde immer neugieriger und bat meine Mutter, mir die Straße zu zeigen, in der wir damals gewohnt hatten. Als wir ankamen und ich sie wiedererkannte, wollte ich natürlich auch die Straße sehen, in der meine Großeltern väterlicherseits damals gelebt hatten. Sie lag nur drei Straßen weiter. Dort angekommen, spürte ich das unbändige Verlangen, ihr Haus von innen zu sehen.

Wir überlegten, bei einem Nachbarn zu klingeln, um in das Wohnhaus zu kommen. Da die meisten Häuser in Polen allerdings mit Codes versperrt waren und man nicht klingeln konnte, mussten wir warten, bis sich jemand zeigte. Es dauerte nicht lange, bis wir von einer nach Hause kommenden Nachbarin eingelassen wurden.

Wir gingen in den ersten Stock und standen vor der damaligen Wohnung meiner Großeltern. Ich überlegte nicht lange und klopfte. Keine Antwort.

Ich klingelte also beim Nachbarn.

Er kam heraus und sah mich verwirrt an. Meine Mutter ergriff schnell das Wort (da ich Polnisch zwar verstehe, aber nur noch schlecht spreche) und fragte, ob noch jemand mit dem Familiennamen meines Vaters hier wohnte.

Wir erfuhren, dass eine seiner Schwestern mittlerweile in diese Wohnung gezogen war, sich momentan aber im Dienst befand. Ohne nachzudenken, fragte ich nach meinem Vater. Der Nachbar wurde verlegen, als ich seinen Namen aussprach. Er war auf einmal sehr zurückhaltend, sagte uns aber, dass mein Vater an einem anderen Ort wohnte.

Er lebte.

Ich war in diesem Moment auf einmal voller Energie. Mich bewegte der Gedanke, dass er vielleicht doch etwas aus seinem Leben gemacht und eine neue Familie gegründet hatte.

Ich erklärte, dass ich seine Tochter sei und wissen wolle, ob er noch andere Kinder habe. Wir erfuhren, dass mein Vater nie wieder geheiratet oder andere Kinder gezeugt hatte. Er blieb Alkoholiker und wurde vor knapp zwanzig Jahren zum Pflegefall.

Ich wusste in diesem Moment nicht, wie ich mit dieser Information umgehen sollte.

Wir hinterließen unsere Telefonnummer und baten, meiner Tante auszurichten, dass wir hier gewesen waren.

Zwei Stunden später erhielten wir schon einen Anruf von ihr und verabredeten uns für den nächsten Tag.

Ich war selbst überrascht, keine Nervosität zu verspüren. Ich empfand nur Freude. Ich hatte die Möglichkeit bekommen, einen Teil meiner Familie und damit einen Teil von mir selbst kennenzulernen.

Als meine Tante uns am nächsten Tag die Tür öffnete, verstand ich, warum mich der Nachbar am Tag davor so perplex angesehen hatte. Wir sahen aus wie Schwestern, gleich groß, die gleiche Statur und die gleichen Gesichtszüge (ich erfuhr später, dass wir im selben Jahr geboren worden waren).

Wir fühlten beide sofort Verbundenheit, Herzlichkeit und Vertrautheit. Es war unbeschreiblich.

Sie zeigte mir Fotos meiner Großeltern, meiner anderen Tanten und auch einige alte Fotos meines Vaters. Ich erfuhr, dass sie ihn noch immer pflegte. Wir redeten aber nicht viel über ihn, wir wollten es offenbar beide nicht.

Mir war klar, dass er kein guter Mensch war und es auch nicht mehr werden würde.

Er lag in einem Pflegeheim und bekam von seiner Umwelt nur noch wenig mit. Sich auszudrücken war ihm kaum möglich und er würde nicht verstehen, wer ich war, wenn ich vor ihm stand.

Ich entschied mich, ihn nicht aufzusuchen.

Aber das ist auch nicht mehr wichtig. Ich habe auch so eine Familie dazugewonnen.

Vor allem habe ich Zuversicht für mich und die Zukunft erhalten.

Zuversicht, dass alles im Leben zur richtigen Zeit zu uns findet, dass man nichts erzwingen kann und oft auf sein Bauchgefühl und seine Intuition vertrauen sollte.

NIEMAND WIRD ZURÜCKGELASSEN
Theresa

»Niemand wird zurückgelassen«, warnt M. »Wir sind nur so stark wie das schwächste Glied der Gruppe«.

Mir stockt der Atem. Nach vier Stunden Schlaf und mit der Morgendämmerung in weiter Ferne warten wir am Fuße des Gletschers auf den Beginn des Abenteuers. Die vielen Stirnlampen der Seilschaft bilden eine lebende Lichterkette, die sich nach und nach den Berg emporarbeitet.

Noch knapp drei Stunden bis zum Gipfel. Der frische Schnee riecht nach Freiheit. Bei jedem Schritt zerreißt das Knarzen unserer Schuhe die eisige Stille.

Es bleibt nicht viel Zeit, um die Landschaft zu genießen. Unser Wetterzeitfenster für den Gipfelsieg gibt das Tempo vor. Hochkonzentriert queren wir Gletscherspalten und ziehen uns am Eispickel an Anstiegen, die senkrecht vor mir aufragen, nach oben. Noch liegt der Berg in den Wolken, ansatzweise können wir aber den Sonnenaufgang und blauen Himmel erahnen.

Ich beginne, daran zu zweifeln, dass ich es bis zum Gipfel schaffen werde.

»Bin ich etwa das schwächste Glied der Gruppe? Müssen wir wegen mir aufgeben?« Ein Blick zu den anderen – auch sie kämpfen, mehr oder weniger. »Kommt schon, wir schaffen das!«, bestärken wir uns gegenseitig immer wieder.

Uns verbindet der gleiche Wunsch, der Wille, es zu schaffen, die Energie, die wir dazu brauchen. Trotz der Geborgenheit in der Gruppe aber bist du allein. Niemand kann für dich die Schritte gehen, niemand wird dich nach oben tragen. Schlimmer noch, ein kleiner Fehler und du bist verantwortlich, wenn die gesamte Seilschaft aufgeben muss.

Panik! Die eisige Luft wird dünner und mir fällt das Atmen immer schwerer. Ich denke an mein bisheriges Leben, an die vergangenen Monate im Jahr 2022. Meine Kündigung, unsere Hochzeit, schmerzvolle Abschiede von geliebten Menschen binnen weniger Wochen. Freud und Leid liegen manchmal unfassbar nah beieinander.

Wie entscheidet man, ob der Kampf es noch wert ist? Was lässt uns voller Zuversicht weitermachen?

Ich blicke in die Ferne. Wir befinden uns mitten in der Venedigergruppe, dem Hauptkamm der Hohen Tauern in Salzburg. Ende September sind die Wiesen in den Tälern noch saftig grün und bilden einen starken Kontrast zum frischen Neuschnee unter unseren Füßen. Wie mechanisch setze ich einen Schritt nach dem anderen, spüre die Blase am rechten Knöchel und den blauen Zeh immer stärker.

Ich traue mich kaum noch, nach oben zu schauen, will gar nicht wissen, wie weit es noch ist. Gefühlt bewegen wir uns schon seit Stunden, ohne wirklich weiterzukommen.

»Gletscherbrille auf!«, kommt ein Ruf von vorne. »Noch hundert Höhenmeter bis zum Gipfelkreuz!«

Gleißendes Sonnenlicht erwartet uns auf der Venedigerscharte. Wir jubeln und ballen vor Freude die Fäuste. Keine dreißig Minuten später posieren wir mit einem breiten Lächeln am Großvenediger, umarmen und gratulieren uns zum gemeinsamen Erfolg.

Die Aussicht reicht bis Südtirol und raubt mir den Atem. Ich komme aus dem Staunen nicht mehr heraus. Wir stehen auf einer jahrmillionenalten Gesteinsformation, entstanden aus heißem, vulkanischem Magma. Was heute ein mehr als 3.600 Meter hoher Berggipfel ist, war ursprünglich der Boden des Penninischen Ozeans.

Heute sieht man hier oben nur strahlende Gesichter. Alle Sorgen und Probleme des Alltags ließen wir am Weg hierher zurück. Sie erscheinen im Angesicht der Mächtigkeit des Gebirges lächerlich klein.

»Genau so muss es sein, das ist das Geheimnis.« Die Stimme in meinem Kopf klingt nun viel sanfter und freundlicher als in den Stunden davor.

Wie bringt man Zuversicht ins Leben? Es scheint, als hätten einige glückliche Zeitgenossen einen Startvorteil und ruhen schon von Geburt an in sich. Andere müssen sich diese Haltung jeden Tag hart erarbeiten. Ich zähle mich zu den Letzteren, obwohl es mir von Jahr zu Jahr leichter fällt.

Es ist das Sammeln bedeutender Erlebnisse, meist verbunden mit extremer körperlicher oder geistiger Anstrengung. Es ist das Ausloten und Überschreiten der eigenen Grenzen, das irgendwann einen Schatz an eigenen, kraftspendenden Geschichten bereitstellt. Es ist das Teilen dieser Erfahrungen mit anderen Menschen, das gemeinsame Staunen über unsere großartige Natur und die Schönheit des Augenblicks.»Niemand wird zurückgelassen« – diese Zuversicht soll uns stets begleiten.

Gesundheit

ES LIEGT AN DIR
Erich

Am 7. Jänner 1994 hatte ich einen schweren Arbeitsunfall: ein Stromschlag mit 15.000 Volt und ein Sturz aus sieben Meter Höhe ins Gleisbett. Zehn Tage lang lag ich im künstlichen Tiefschlaf. Am 17. Jänner wurde ich wieder ins Leben geholt. Beim Aufwachen blickte ich mich um und analysierte meine Umgebung. Da ich eine Vitus-Mineralwasserflasche neben mir auf einem Tisch sah, vermutete ich, in einem Krankenhaus in Niederösterreich zu sein. Eine Ärztin bestätigte das.

Auf meine Frage, ob ich eines Tages wieder Ski fahren und mountainbiken können würde, verließ sie fluchtartig die Intensivstation. Ihr Verhalten ließ mich Schlimmes ahnen, dabei wollte ich so schnell wie möglich wieder fit werden, um mit meinen beiden Söhnen – der Jüngste war gerade erst zwei Jahre alt – spielen zu können.

Etwas später kam Primarius Zinecker zu mir. Er sah mich ernst an und fragte: »Ski fahren und mountainbiken wollen Sie also?«

Ich bejahte.

»Es liegt an Ihnen«, sagte er.

Dieser Satz war der wichtigste für meine Genesung. Es lag an mir, wieder alles tun zu können, was mir Freude bereitete und für meine Familie voll da zu sein.

Sieben Wochen später durfte ich das Spital verlassen. Mein Vater, der mich nach Hause brachte, hatte Tränen in den Augen. An der Tür wurde ich von meiner Liebsten erwartet, die unseren Jüngsten auf dem Arm hielt.

Bis zu meiner vollständigen Genesung sollte es noch eine Zeit lang dauern. Seither führe ich ein wunderbares Leben und fühle mich rundum glücklich. Im Juli werde ich erneut Opa.

ZWEI LEBENSRETTER
Ruth

Timmy – genauer gesagt Timothy Duke – ist ein kleiner Mischling, der zu meinem Seelenfreund und gewissermaßen Lebensretter wurde.

Er war einer von vier Welpen, allerdings kränklich und schwächer als die anderen. Ich schloss ihn sofort ins Herz. Er hatte Augen wie ein weiser Mann, der schon viele Jahre auf dieser Welt verbracht hatte und alles durchschaute.

Mit 19 Jahren bekam ich die Diagnose Leukämie.

Es folgte eine schmerzhafte, verzweifelte Zeit der Isolation. Ein Kampf um mein Leben. Gott meinte es gut mit mir und schickte einen Spender, der mir sein Knochenmark gab und einer völlig Fremden damit eine Überlebenschance. Für mich ist er ein Held, mit dem ich noch immer regelmäßig Kontakt habe.

Ich schäme mich fast, es zu sagen, aber die Zeit mit Chemo, Bestrahlung, Isolation und Schmerzen war ein großer Kampf, den ich manchmal schon fast aufgeben wollte. Meine Eltern aber wussten, wie sie meinen Lebensmut wecken konnten. Ich bekam wochenlang täglich einen »Anruf« von Timmy. Sobald er meine Stimme hörte, fing er an zu jaulen. Das gab mir neue Kraft und ich kämpfte weiter, um endlich wieder nach Hause zu können.

Nach meiner Heimkehr musste ich aber weitere Monate ohne Timmy verbringen, da die Gefahr einer Infektion zu groß war. Für diese Zeit zog mein Vater mit Timmy aus. Ich hielt das jedoch nicht lange durch und ließ Timmy zu mir nach Hause holen. Ich wusste, dass ich ihn brauchte.

Timmy, der stets in meinem Bett geschlafen und bei meiner Ankunft am Flughafen einmal vor Freude so laut geheult hatte, dass er fast einen Einsatz der Polizei auslöste, kam vorsichtig zu mir, hüpfte aber nicht und leckte mich auch nicht ab wie sonst.

Er schlief nun neben meinem Bett, verfolgte mich ins Bad und aufs Klo und wich auch sonst nicht von meiner Seite.

Wenn ich schwach auf den Beinen war, nahm er meine Hose ins Maul und zog mich. Er spürte, wenn ich niedergeschlagen war, und schaffte es immer, mich zu trösten. Er war mein Seelenfreund.

Nach der langen Zeit mit künstlicher Ernährung musste ich erst wieder essen erlernen. Es war nicht einfach und ging nicht schnell. Doch Timmy kam mit seiner Schüssel zu meinem Tisch und stupste mich mit der Nase an. Er fraß vor mir, als wollte er mir ein gutes Beispiel geben.

Es klappte und ich nahm in vier Wochen knapp sechs Kilo zu.

Ich hatte nun zwei Lebensretter.

Wunderbare Jahre durfte ich mit meinem kleinen Lebensrocker verbringen. Bootsfahrten, Wanderungen, Urlaube, rebellische Hundeschulbesuche, Tanzeinlagen, für alles war dieser Hund zu haben.

Tierärzte sagten ihm kein langes Leben voraus, aber Timmy war ein Kämpfer, und ich bin überzeugt, er wollte für mich leben.

Leider kam der Tag, da schlief er im Garten für immer in meinen Armen ein.

Die Tierärztin meinte, sie habe noch nie eine so starke Verbundenheit zwischen Hund und Mensch gesehen. Er war ein Engel mit Fell, eine kluge, alte Seele, die einem verzweifelten Menschen bedingungslose Liebe schenkte.

Danke, Timmy und meinem Knochenmarksspender Christian. Ihr seid meine zwei Lebensretter, die mich zu dem Menschen gemacht haben, der ich heute bin: dankbar und dem Leben gegenüber wachsam, neugierig und bemüht, stets Schönes zu sehen.

Timmy, ich vermisse dich.

RONJAS GESCHICHTE
Ursula

Im Juli 2013 fuhr ich aufgrund meiner chronischen Rückenbeschwerden für vier Wochen für eine Kur nach Kärnten. Es war ein sehr heißer Sommer und ich war psychisch durch die ständigen Schmerzen am Ende meiner Kräfte angelangt. Ich wagte kaum, auf eine Besserung zu hoffen.

Nach wenigen Tagen hatte ich zumindest schon Freundschaft mit meiner Tischnachbarin Erna geschlossen, die ähnliche Leiden plagten. An einem Abend beschlossen wir, einen kleinen Spaziergang durch den Kurpark zu unternehmen. Die Vögel begleiteten den Sonnenuntergang mit ihrem Gesang, während wir uns gegenseitig aus unseren Leben erzählten.

Wir hatten auf einer Bank Platz genommen und Erna sprach gerade von ihrer Familie, als sie jäh unterbrochen wurde. Eine dreifärbige, abgemagerte Katze tauchte zwischen unseren Füßen auf und begann, sich an meine Wade zu schmiegen.

Als ich die zutrauliche, ausgehungerte und dünne Katze sah, traten mir Tränen in die Augen. Ich musste an mein kleines Kätzchen Xena denken, das erst vor wenigen Monaten von einem Auto überfahren worden war. Behutsam streichelten Erna und ich die Katze, die unsere Aufmerksamkeit zu genießen schien.

Plötzlich brachen alle aufgestauten Gefühle aus mir heraus und ich begann zu weinen. Doch je trauriger ich wurde, desto zutraulicher schien auch diese streunende Katze zu werden. Sie schmiegte sich noch enger an mich und ließ sich von mir hochheben. Ich drückte meine nasse Wange in das schmutzige, aber weiche Fell, und küsste ihr kleines Köpfchen.

Es tat meiner Seele unendlich gut, endlich wieder eine kleine Fellnase liebkosen zu können.

Als ich sie gedankenverloren streichelte, bemerkte ich, dass ihre Zitzen dick und mit Milch gefüllt waren.

»Ich glaube, sie muss junge Kätzchen haben!«, sagte ich zu Erna.

In den nächsten Tagen nützte ich jede Minute, die mir zwischen Trainingseinheiten und Behandlungen zur Verfügung stand, um in den Park zu gehen. Ich saß stets auf derselben Bank, in der Hoffnung, die Katze wiederzusehen. Doch ich wartete vergeblich.

Bei einem Mittagessen erzählte mir ein Kurpatient, dass auch er die Katze gesehen habe.

»Ich glaube, sie wurde ausgesetzt«, erzählte er mir. »Sie hat vier junge Kätzchen.«

Vier Kätzchen! Wer sollte sie nur mit Milch und Nahrung versorgen? Noch am selben Abend fasste ich den Entschluss, das Fellnäschen mit ihrer kleinen Familie zu mir zu nehmen.

Ronja, wie ich die Katze mittlerweile nannte, tauchte wieder im Park auf. Kaum hatte ich sie gefüttert, kam sie täglich. Nach einer Woche war sie wieder zu Kräften gekommen. Im Kurpark lief sie mir mit erhobenem Schwanz entgegen und wartete ungeduldig darauf, von mir gestreichelt zu werden. Die Rückenschmerzen, die mich so lange geplagt hatten, spürte ich kaum mehr.

Eines Abends saß ich mit Erna auf der Bank, kraulte Ronja und flüsterte ihr zu: »Wenn ich nach Hause fahre, nehme ich dich und deine Kinder mit. Das verspreche ich dir.« Ronja hob ihren Kopf und blickte mich an, als könnte sie mich verstehen.

Meinen Mann konnte ich am Telefon von meinem Vorhaben überzeugen. »Vier Kätzchen?«, fragte er zuerst ein wenig erschrocken. »Gemeinsam mit der Mutter macht das ja fünf!«

Aber da er Tiere genauso sehr liebte wie ich, ließ er sich schnell erweichen.

»Die Mutter heißt Ronja«, erklärte ich ihm, »wie die Räubertochter.«

Der Tag meiner Abreise kam und Enttäuschung hatte meine Freude verdrängt. Denn ich wusste, dass ich Ronja nicht ohne ihre Jungen mitnehmen konnte. Ohne ihre Mutter würden die vier nicht überleben. Noch hatte Ronja ihre Kleinen aber nicht zu mir gebracht.

Ich saß auf der Bank im Kurpark, wo sie mir zum ersten Mal begegnet war, und weinte. Ronja kam angelaufen, sprang auf die Bank und kuschelte sich in meinen Schoß. Sie legte ihr Köpfchen in meine Hand, schnurrte und blickte mich traurig an. So verabschiedeten wir uns.

Als ich am nächsten Morgen vor dem Eingang des Kurhauses stand und den Wagen meines Mannes vorfahren sah, kam Ronja um die Ecke gelaufen. Für einen Moment hoffte ich, dass ihr vier kleine Kätzchen folgen würden, doch sie blieb allein.

Mein Mann stieg aus und umarmte mich.

»Schön, dass du wieder nach Hause kommst«, sagte er. »Das Haus war so leer und einsam ohne dich.«

Da entdeckte er Ronja, die sich um meinen Fuß geschlungen hatte.

»Du bist wohl der kleine Engel, von dem ich so viel gehört habe«, sagte er und streichelte Ronja, die mit einem leisen Schnurren antwortete.

Mein Mann ging zum Kofferraum und öffnete ihn.

»Dachtest du, wir lassen diese liebende Katzenmutter und ihre Kinder einfach im Stich?«, fragte er und hob zwei Katzenboxen in die Höhe, die er mitgebracht hatte.

Wir beschlossen, die Boxen beim Gärtner des Kurparks zu lassen. Sollte Ronja ihre Jungen doch noch in den Park bringen, würde der Gärtner sie in den Boxen behalten, bis ich kam, um sie abzuholen.

Als wir uns verabschiedeten, versprachen meine Kurfreunde, sich in meiner Abwesenheit um Ronja zu kümmern und Ausschau nach ihren Jungen zu halten. Ronja folgte mir auf leisen Pfoten bis zum Auto. Als ich die Tür vor ihr schloss, blickte sie von unten zu mir herauf. Ich musste mit den Tränen kämpfen. Ronja zeigte mir, dass man auch in schweren Zeiten die Hoffnung nie verlieren darf. Und nun musste ich sie zurücklassen.

Aber ich würde wiederkommen, versprach ich mir selbst.

An einem Sonntagmorgen meinte mein Mann beim Frühstück: »Lass uns einen Ausflug zum Kurhaus machen! Wir besuchen deine Ronja.«

Mit ein paar Leckereien ausgestattet machten wir uns auf den Weg. Als wir im Kurpark angekommen waren, rief ich nach Ronja, doch sie ließ sich nicht blicken. Hatte sie jemand anderer mitgenommen? War ihr etwas zugestoßen?

Bevor mir weitere schlimme Gedanken kommen konnten, sah ich ihren Schwanz zwischen den Bäumen auftauchen. Sie erkannte mich sofort und lief auf mich zu. Ich drückte sie fest an mich und gab ihr einen Nasenkuss.

Mein Herz lief über vor Liebe, als ich sah, dass es ihr gut ging. Doch unser Wiedersehen wurde von einem heftigen Regenschauer unterbrochen. Ronja lief zurück in den Wald und wir konnten ihr nicht folgen.

Wir waren kaum zu Hause angekommen, da läutete mein Telefon. Es war mein Kurfreund Bernhard.

»Ursula, du wirst nicht glauben, was gerade passiert ist«, erzählte er atemlos. »Wir haben Ronjas Abendessen vorbereitet, da kam sie tatsächlich mit ihren jungen Kätzchen! Ich glaube, sie wollte sie dir zeigen!«

Als ich das hörte, wollte ich sofort wieder zurückfahren, doch es war bereits zu spät. In dieser Nacht träumte ich von Ronja und ihren vier Jungen.

Am nächsten Tag rief mich Bernhard um 15 Uhr wieder an.

»Ursula, gute Nachrichten«, rief er fröhlich in den Hörer. »Wir haben bereits zwei Kätzchen in den Boxen. Kannst du zu uns fahren?«

»Natürlich«, antwortete ich. »Ich bin schon auf dem Weg.«

Und so fuhren mein Mann und ich erneut nach Kärnten.

Als wir im Kurpark ankamen, liefen mir Bernhard und Herbert entgegen.

»Zwei Kleine sind schon da«, erklärte mir Bernhard aufgeregt. »Eine Rot-Weiße und eine Getigerte.«

Die armen Kleinen waren scheu und voller Angst, als ich mich ihnen näherte. Kein Wunder, sahen sie wohl zum ersten Mal Menschen.

Ronja lag ruhig neben der Box, in der ihre Kleinen waren. Sie spürte wohl, dass wir ihnen helfen wollten. Nach fünf Stunden vergeblichem Suchen fanden wir schließlich das dritte Kätzchen, doch das vierte blieb weiterhin unauffindbar. Mit Taschenlampen suchten wir bis zehn Uhr abends.

Die Boxen mit den anderen Kätzchen waren bereits im Auto verstaut und Ronja hatte sich auf dem Armaturenbrett zusammengerollt. Was sollte ich tun? Sollte ich Ronja und ihre Jungen wieder in den Wald zurückschicken, wo sie womöglich alle verhungern würden? Oder sollten wir ohne das vierte Junge fahren?

»Ich weiß, es ist eine schwierige Entscheidung«, sagte Bernhard zu mir. »Aber vielleicht finden wir das vierte Kätzchen ja morgen. Du solltest Ronja und die anderen zumindest für diese Nacht mit zu dir nehmen.«

Ich kam erst spät zu Hause an. Mein Mann hatte für die Katzen bereits Schlafplätze und Futternäpfchen vorbereitet. Behutsam öffneten wir die Boxen. Vorsichtig tapsten die Kleinen heraus. Ronja kam langsam näher und begann, die Jungen zu putzen. Das war ein gutes Zeichen.

»Wir müssen ihnen Zeit geben«, sagte mein Mann.

Am nächsten Tag tauchte auch das vierte Kätzchen auf und wir holten es aus Kärnten zu uns. Es war das Kleinste des Wurfs. Es war grau-schwarz getigert und hatte an Vorder- und Hinterpfötchen helle Flecken, wie eine kleine Ballerina. Mit ihren grünen Äuglein blickte sie mich verwundert an. Im Gegensatz zu ihren Geschwistern war sie gar nicht scheu.

In den nächsten Tagen entwickelten sich die Katzen wunderbar. Ronja kam zu Kräften und ihre Jungen legten ihre Scheu ab. Alles lief wunderbar. Nur in den Garten wollte Ronja nicht allein gehen, offenbar hatte sie Angst, nicht mehr ins Haus zu kommen. So gingen wir immer gemeinsam hinaus und bald meinten die Nachbarn, ich ginge mit meiner Katze Gassi.

Das kleine Kätzchen tauften wir auf den Namen Julchen. Die anderen hießen Romeo, Tristan und Lilly. Nach zwölf gemeinsamen Wochen fanden wir für diese drei Kätzchen ein gutes Zuhause.

Eines Nachmittags kamen Bernhard und Herbert auf Besuch. Auch sie wurden von Ronja freudig begrüßt.

Seit damals weichen Ronja und Julchen nicht mehr von meiner Seite. Sie sind ein wertvoller Teil unserer Familie. 2023 feiern wir bereits unseren zehnten Jahrestag mit einem großen Fest.

Seit ich Ronja kennengelernt habe, gehören meine Rückenschmerzen der Vergangenheit an. Sie hat also mich ebenso gerettet wie ich sie.

Tiere lieben dich so, wie du bist, vollkommen bedingungslos. Damit geben sie mir Hoffnung und Zuversicht, für alles, was kommen möge im Leben.

Das ist die Geschichte von Ronja.

DER LAUF IHRES LEBENS
Markus

Vor zwanzig Jahren, im Juni 2003, waren meine Kollegen von der Rettung und ich auf dem Weg zur Fendler Alm im Oberland. Ein Kleinbus hatte einen Unfall gehabt.

Es war ein schwieriger Einsatz. Der Unfall passierte an einer hochgelegenen Stelle, die schwer zugänglich war. Als wir ankamen, mussten wir feststellen, dass es einen Todesfall gab. Wir bargen auch ein Mädchen aus Deutschland, das wir schwer verletzt nach Zams ins Krankenhaus brachten. Von dort wurde sie nach Innsbruck verlegt. Ich wünschte ihr im Stillen viel Glück. Danach hörte ich nichts mehr von ihr.

Bis zehn Jahre später ein Brief bei mir eintraf. Das Mädchen, das ich damals gerettet hatte, hieß Nicole. Als der Unfall geschah, war sie 16 Jahre alt gewesen. Es hatte einige Wochen gedauert, bis sie wieder ihre ersten Schritte machen konnte.

Nicole wollte sich bei mir bedanken und mich besuchen kommen. Sie erzählte mir in diesem Brief, dass sie in den Jahren nach dem Unfall keinen Sport betreiben konnte. Nun hatte sie sich etwas Absurdes vorgenommen, wie sie es nannte: Sie wollte einen Halbmarathon laufen. Und zwar in Innsbruck, denn dort hatte sie ihr Leben neu begonnen. Der Lauf war für den 2. Juli 2022 angesetzt, auf den Tag genau neun Jahre, nachdem sie ihre ersten Schritte nach dem Unfall geschafft hatte.

»Es wäre mir eine große Ehre, wenn du dort sein könntest«, schrieb sie mir.

Ich war zuerst sprachlos. Als ich die Sache meiner Frau erzählte, meinte sie sofort, ich müsse nicht nur dabei sein – ich müsse auch mitlaufen!

Nicole begleitete ihren Weg zum Halbmarathon in den sozialen Netzwerken und schrieb ihre Bachelorarbeit darüber. Sie schien die Sache durchziehen zu wollen.

Ich selbst war zuerst zurückhaltender. Vielleicht würde ich nur mit ihr ins Ziel einlaufen? Außerdem sah ich, dass es sich um einen Frauenmarathon handelte. Durfte ich überhaupt mitlaufen?

Ich war zwar lange Zeit bei der Bergrettung, aber 21 Kilometer am Stück zu laufen sind keine leichte Sache. Ohne Vorbereitung würde ich das nicht schaffen. Als ich herausfand, dass ich mich bei der Aktion »Tirol läuft« anmelden konnte, gab es allerdings keine Ausreden mehr.

Beim Halbmarathon liefen Nicole und ich vier Mal an jener Klinik vorbei, in der sie das Gehen wiedererlernt hatte. Es war ein seltsames Gefühl, immerhin kannte ich Nicole nicht wirklich, aber durch das Laufen entstand eine Verbindung zwischen uns. Sie erzählte mir, dass sie mittlerweile einen Mann und zwei Töchter hat und ein glückliches Leben führt.

Nicole ist ein beeindruckendes Beispiel dafür, die Zuversicht nie zu verlieren.

KAMPFGELSE
Sonja

Alles begann im Februar 2021. Damals war ich 33 Jahre alt und bereits seit zwei Jahren in einer Beziehung mit einem sehr lustigen, treuen und einfühlsamen Mann. Ich war eine unabhängige, zielstrebige Frau und hatte mich in einer männerdominierten Branche etabliert. Ich war glücklich.

Bis ich am 4. Februar 2021 ganz seltsame Bauchschmerzen bekam. Ich hatte auch in der Vergangenheit öfters Probleme mit meinem Magen gehabt, doch diesmal war es anders. Als die Schmerzen unerträglich wurden, brachte mich mein Freund ins Krankenhaus.

Nach Untersuchungen und Gesprächen bekam ich am 16. Februar schließlich die Diagnose: Eierstockkrebs. Ich dachte, ich wäre in einem bösen Traum gefangen und versuchte, aufzuwachen. Doch ich wachte nicht auf.

Die Ärzte waren verständnisvoll und freundlich. Sie erklärten mir, dass wir schnell operieren mussten. Ich stand somit kurz vor der ersten OP meines Lebens. Aufgrund der Metastasen mussten meine Eierstöcke, meine Gebärmutter, die Milz, Galle, Teile der Leber und Teile von Dick- und Dünndarm sowie das rechte Zwerchfell entfernt werden.

Nach der OP blieb ich zwei Wochen im Krankenhaus. Danach sollte das Schwierigste aber erst noch kommen. Ich benötigte sechs Chemotherapien, von denen die ersten drei besonders hart waren. Noch nie hatte ich mich so schlecht gefühlt. Zuversicht verspürte ich kaum.

Zum Glück gab es Menschen in meinem Umfeld, die mir meine verloren geglaubte Zuversicht zurückgaben. Etwa meine Eltern. Als ich ihnen vom Krebs erzählte, sagten sie, eine »Kampfgelse« wie ich würde sich nicht unterkriegen lassen. Wir würden ihn gemeinsam besiegen.

Das Rasieren meiner Haare fiel mir besonders schwer, doch meine Freundinnen halfen mir. Sie machten die Rasur zu einem Spektakel. Meine Lieben waren per Videochat dabei. Mein Freund machte den ersten Schnitt und meine beste Freundin, eine überaus talentierte Fotografin, machte wunderschöne Bilder von diesem Prozess. So ist mir diese Erfahrung sogar positiv im Gedächtnis geblieben.

Die allergrößte Bestärkung während dieser Zeit war mein Heiratsantrag an meinen Freund – obwohl ich mir eigentlich geschworen hatte, niemals zu heiraten.

Im Juli 2022 konnte ich mit meinen nachgewachsenen Haaren und krebsfrei meine Hochzeit feiern. Wie sich die Dinge durch Zuversicht doch ändern können.

BUCKET LIST
Gerda

Es war ein ganz gewöhnlicher Tag in unserem liebevollen Zuhause.

Wir, ein junges Ehepaar, waren überglückliche Eltern von zwei ganz süßen Wirbelwinden, die wir immer stolz »unsere Jungs« nannten.

Wie es mit Kindern im Haus so ist, wurde uns nie langweilig.

Mein Mann sorgte wunderbar für die Familie und arbeitete erfolgreich, und mir war es vergönnt, die Kleinkindjahre unserer Jungs mit ihnen zu Hause zu gestalten.

Jeden Tag machten wir Spielplätze unsicher, gingen unzähligen bunten Kreativprojekten nach, backten Fantasiekuchen und tanzten und sangen, was das Zeug hielt.

Wir waren wunschlos glücklich. Eine ganz normale glückliche Familie, die es vorzog, das Leben so zu genießen, wie es kam, und jeden Moment voll auszukosten.

Doch dieses Glück wurde eines Tages völlig unerwartet überschattet.

In nur einem einzigen kleinen Moment.

Mein Mann war wie jeden Tag mit seiner Morgenroutine im Badezimmer beschäftigt, als ich ihn plötzlich rufen hörte. In seiner Stimme lag Angst. Sofort lief ich zu ihm. Was erschreckte ihn so sehr?

Bei ihm angekommen, konnte ich zuerst keine beunruhigende Veränderung bemerken. Ratlos sah ich mich um. Es war weder Blut am Boden noch eine Verletzung am Körper meines Mannes zu sehen. Alles schien in bester Ordnung zu sein. Also fragte ich ihn, was geschehen war. Er deutete auf seinen rechten Oberschenkel, wo sich eine Beule gebildet hatte.

Ob das was Gefährliches sein könne, fragte er mich.

Ich selbst, die immer gegen alle möglichen Ecken und Kanten lief, meinte, er habe sich wohl irgendwo angeschlagen.

Zum Glück hörte er nicht auf mich. Wenige Tage später fuhr er zu einem Arzt für eine Ultraschalluntersuchung. Langsam wich die anfängliche Unbekümmertheit einer schleichenden Angst. Was, wenn etwas nicht stimmte? Wenn es keine gewöhnliche Beule war?

Der Arzt verhielt sich kryptisch und ordnete eine Biopsie an. Das Wort löste Angst in uns aus. Ich versuchte, meinen Mann zu beruhigen, obwohl ich selbst kaum Ruhe fand.

Ich redete mir ein, dass schon nichts herauskommen würde. Wir würden einen unauffälligen Befund erhalten und dann einfach mit unserem üblichen glücklichen Leben weitermachen.

Doch manchmal lässt einen das Leben nicht in Ruhe weitermachen, sondern wirft dich in einen tobenden Sturm, der dich wild durchrüttelt.

Die Diagnose lautete »Liposarkom«, ein äußerst seltener Tumor. So selten wie die Chance, im Lotto zu gewinnen. Wieso hätten wir stattdessen nicht im Lotto gewinnen können?

Schnell war klar, dass ein langer Weg vor uns lag. Chemotherapie, Bestrahlung und vieles mehr würde in den nächsten Wochen auf uns zukommen. Die Ärzte wollten sich nicht zu den Chancen meines Mannes äußern. Sie könnten nichts versprechen, meinten sie nur. Man würde alles probieren.

Doch so einfach wollte ich nicht aufgeben. Ich stellte den behandelnden Onkologen zur Rede. Der Arzt meinte, dass ich das kommende halbe Jahr mit meinem Mann genießen sollte. Viel mehr Zeit würde er nicht haben.

In diesem Moment verspürte ich keine Verzweiflung oder Trauer, sondern Wut. Gereizt fragte ich den Arzt, ob das seine persönliche Meinung sei oder wissenschaftlicher Fakt. Da antwortete der Arzt, es handle sich um seine persönliche »bescheidene« Einschätzung.

Daraufhin verbot ich ihm, diese Einschätzung mit meinem Mann zu teilen und drohte sogar mit rechtlichen Schritten. Der Arzt hielt Wort und behielt seine Meinung für sich.

Als ich an diesem Tag nach Hause kam, passierte etwas Entscheidendes: Ich bemerkte, wie mir die Wut half, die Schwäche und Verzweiflung zu verdrängen und meine innere Kraft wieder zu entfachen. Wut auf das Schicksal, auf den Arzt, auf den blöden Tumor.

Plötzlich fühlte ich mich, als könnte ich alles schaffen. Ich fühlte Zuversicht.

Ich erstellte eine Bucket List für uns und ein Vision Board. Ich wollte die Zukunft für meinen Mann sichtbar machen und so lebendig wie möglich. Ich wollte für uns beide an sie glauben.

In den acht Monaten im Spital setzte ich mich jeden Nachmittag zu meinem Mann und schmiedete Pläne mit ihm. Wir sprachen über all die spannenden Abenteuer, die uns da draußen noch erwarteten. Wir malten uns jedes Detail, jeden Geruch und jeden Geschmack aus. Wir beschrieben Landschaften, die wir noch sehen würden, und legten Reiserouten für die Zukunft fest. So gelang es uns, den Tumor nicht unser Leben kontrollieren zu lassen.

Und schließlich wurde mein Mann entlassen. Kurz darauf begannen wir, unsere Bucket List abzuarbeiten. Mit jedem Punkt, den wir abhaken konnten, erfüllte uns grenzenlose Freude und Dankbarkeit. Wir nahmen nichts mehr als selbstverständlich hin.

Bis heute, vierzehn Jahre später, ist alles, was wir gemeinsam erleben dürfen, ein Fest und ein Geschenk zugleich. Das Leben ist eine Aneinanderreihung von Geschenken, die man nur annehmen muss.

GUTE VERBESSERUNG
Rudolf

Gleich vorweg: Alles, was hier beschrieben wird, ist genau so passiert. Nichts ist erfunden oder erdichtet.

Ich muss leider ein oder zwei Mal die Woche in einem Wundzentrum meine Beine verbinden lassen. Dazu holt mich ein Fahrtendienst ab. Nach der Behandlung werde ich wieder heimgebracht.

Da dieser Zustand schon einige Jahre anhält, ist es eine ziemlich verdrießliche Angelegenheit für mich geworden.

Ich musste wieder einmal etwas länger auf den Wagen warten, als Folgendes passierte: Ich saß auf einer Bank neben dem Parkautomaten, da kam eine hübsche junge Frau mit zwei ebenso hübschen Kindern vorbei. Nicht nur die Mama grüßte freundlich, nein, auch die Kinder (ein Bub und ein Mädchen, etwa acht oder neun Jahre alt).

»Hallo«, sagte ich ziemlich brummig. Da ich übergewichtig bin und einen Vollbart trage, der den Weihnachtsmann vor Neid erblassen ließe, hatte ich Angst, die Kinder zu erschrecken.

Aber nein, die Mama löste das Parkticket und ging mit den zweien Richtung Auto. Überraschend und fast überschwänglich verabschiedeten sie sich von mir.

Wenig später sah ich den Wagen mit der jungen Frau am Steuer. Sie musste an der Ausfahrtschranke halten. Ich war nicht wenig erstaunt, als der Bub ausstieg und zu mir kam. Ziemlich nervös und mit zittriger Stimme sagte er zu mir: »Ich wünsche dir eine gute Verbesserung.«

Danach machte er kehrt und lief zum Auto.

»Danke, das ist sehr lieb«, rief ich ihm nach.

Als der Wagen weiterfuhr, winkten mir die beiden Kinder auf der Rückbank zu.

Tränen traten mir in die Augen. Komische Wasseransammlungen, wie ich sie nenne.

Jedes Mal, wenn ich nicht gut drauf bin, denke ich an diese nette Familie und bin in der Sekunde wieder zuversichtlich. Es gibt sie noch, Menschen, die es zuwege bringen, dass sich andere gut fühlen.

Danke dafür.

Schule & Beruf

ZAID TANZT
Marie

Die Musik begann und er stand einfach nur da.
Drei Tage immer das gleiche Muster.

Zaid wollte nicht tanzen, sich einfach nicht bewegen und kam trotzdem täglich in meinen Tanzunterricht, den ich in einem Sommercamp für Kinder und Jugendliche gab.

Er stand oder saß da und schaute. Zaid war nicht bereit, einen einzigen Tanzschritt zu versuchen. Am dritten Tag fragte ich ihn, ob er lieber zu seinen Freunden in die Fußballgruppe wechseln wolle. Warum er nicht mitmache, ob er gegen seinen Willen zum Tanztraining gehen müsse?

»Nein«, sagte er. »Ich will hier beim Tanzen bleiben.«

Er könne es gerne tun, ich hätte nichts dagegen, versicherte ich ihm. Im Stillen aber fragte ich mich, welchen Sinn das hatte und ob es ihm wirklich Spaß machte. Ich rechnete nicht damit, dass er wiederkommen würde.

Aber auch am vierten Tag war Zaid wieder dabei. Er saß. Er schaute. Er bewegte sich keinen Schritt.

Mittlerweile hatte ich mit den anderen Kindern eine schöne Choreografie erarbeitet, die wir einen Tag später vor Publikum vorführen wollten.

»Zaid, wir brauchen dich!«, sagte ich. »Ich lasse dir ein Stück in der Musik für ein Solo, bei dem du frei tanzen, dich frei bewegen kannst.« Als ich die Musik startete, geschah es: Zaid tanzte. Er tanzte die ganze Choreografie mit. Jeden Schritt, den wir in den vergangenen drei Tagen einstudiert hatten, hatte er sich gemerkt. Zaid beherrschte den kompletten Tanz, obwohl er nur zugeschaut hatte. Er tanzte seinen Solo-Part so frei, so selbstbewusst, mit Bewegungen, die einfach aus ihm herauskamen.

Alle waren sprachlos – Zaid war unglaublich gut. Er lebte die Musik, er liebte das Tanzen. Er strahlte dabei über das ganze Gesicht.

Später erklärte er mir, dass er sich nicht getraut hatte. Alle seine Freunde besuchten das Fußballtraining. Er war der Einzige, der tanzen wollte. Ein Junge zwischen vielen Mädchen. Er hatte Angst vor dem Urteil seiner Freunde, die so ganz andere Interessen hatten.

Am nächsten Tag führten wir den Tanz vor Publikum auf. Viele erwartungsvolle Blicke waren auf die Bühne gerichtet.

Zaid tanzte. Es war nicht wichtig, wer zuschaute. Wer mit ihm tanzte. Er war in seinem Element. Seine Fußballfreunde jubelten. Sie riefen seinen Namen. Sie feuerten ihn an. Sie feierten ihn, als wäre er Kicker-Gott Messi. Doch er war viel mehr als das. Er war er selbst.

KEINE ANGST VOR DEM VERLIEREN
Doris

Die Geschichte meiner Tochter ist ein Beispiel, wie sehr es sich lohnt, die Zuversicht zu bewahren und nicht aufzugeben.

In der 4. Klasse der Volksschule bemerkte ich, dass meine Tochter Angelika Probleme mit der Rechtschreibung hatte. Ein Test ergab eine leichte Lese- und Rechtschreibschwäche. Wir bemühten uns, mit Übungsblättern eine Verbesserung herbeizuführen.

Die erste Deutschschularbeit im Gymnasium brachte ein »Nicht Genügend«. Die Verzweiflung meiner Tochter war riesig. Auch ich hatte Sorge, ob Angelika das Gymnasium schaffen würde.

Ich mochte Sprachen immer sehr gerne, deshalb übte ich mit Angelika Aufsätze schreiben und Rechtschreibung. Der Notendurchschnitt pendelte sich auf einem »Befriedigend« ein. Englisch fiel Angelika leider ähnlich schwer.

Die vier Jahre im Gymnasium waren geprägt von sehr viel lernen, üben und Vokabel abprüfen. Angelika wechselte nach der Unterstufe in die 5-jährige HLW, zu unserem Leidwesen kam in der 3. Klasse Französisch dazu. Die meisten Schüler mussten sich für eine Deutschschularbeit nicht sonderlich vorbereiten. Für uns bedeutete es jedoch immer, Grammatik, Rechtschreibung, Ausdruck und unzählige Aufsätze üben. Um in Englisch und

Französisch eine positive Note zu erlangen, waren ähnliche Anstrengungen nötig.

Da in der HLW eine Koch-Kellner-Ausbildung integriert ist, musste im 3. Schuljahr ein dreimonatiges Praktikum absolviert werden. Der Einstieg in das 4. Schuljahr war nach dem Praktikum und der Sommerpause für Angelika mehr als schwierig.

Zu weit weg waren Grammatik, die Vokabeln, *present and past tense*. Über den Französischunterricht sagte Angelika oftmals, dass sie das Gefühl habe, es werde dort Chinesisch gesprochen. In dieser Zeit spürte ich, dass meine Tochter enorm unter Druck stand, und ich versuchte ihr zu vermitteln, dass die Matura nicht lebensnotwendig sei. Bevor der Stresslevel zu hoch werden würde, sollte sie die Schule beenden.

Angelika brach in Tränen aus und meinte, dass sie schon so weit gekommen sei und wisse, dass sie einen Abbruch bereuen würde. Also beschlossen wir, weiterzukämpfen. Im letzten Schuljahr kam in Englisch ein enormes Erschwernis hinzu: ein Wechsel der Lehrer. Das »Genügend«, das sie bis dahin erreicht hatte, geriet ins Wanken.

Vor der Deutsch-Matura führte ich ein Gespräch mit Angelikas Lehrerin. Sie erzählte mir, dass ihre Söhne in der Schule auch Probleme hatten. Die Matura müsse nicht auf Anhieb geschafft werden. Jedes positiv abgeschlossene Fach ist ein Erfolg, die negativen Fächer können in zweiten und dritten Schritten absolviert werden. Das Gespräch war wohltuend und verringerte den Druck.

Alles kam besser als erwartet. Angelika war im Maturazeugnis nur in Englisch negativ. Sie hatte sich für die Ausbildung zur medizinischen Fachassistenz entschlossen. Im Herbst war der Termin für die Wiederholung der Englisch-Matura.

Eine Bekannte hatte Angelika Nachhilfe gegeben. Niemals werde ich den Moment vergessen, als mich meine Tochter anrief, um mir mitzuteilen, dass sie die Matura geschafft hatte. Ein tonnenschwerer Stein fiel mir vom Herzen.

Nach der Schule begann sich das Blatt zu wenden. Kein Kampf mehr mit Englisch, Deutsch, Französisch, nun gab es Fächer wie Hygiene, Anatomie, Arzneimittellehre und viele andere. Angelika begann selbstständig zu lernen und ein »Gut« war die schlechteste Note, die sie bekam. Meine Tochter hatte großes Interesse an den medizinischen Fächern und endlich zeigten sich auch gute Noten, die ihren hohen Lerneinsatz belohnten.

Drei Jahre vergingen wie im Flug und Angelika entdeckte die Radiologie für sich. Während der Schulzeit unvorstellbar, entschloss sich meine Tochter, Radiologietechnologie an der FH zu studieren.

Ihr Eifer kannte keine Grenzen mehr. Im März 2023 schloss sie das Studium mit Auszeichnung ab und wir feierten stolz die Sponsion.

Mir zeigt die Geschichte meiner Tochter, dass man sich gelegentlich durchkämpfen muss und dass man nicht gleich verzweifeln darf, wenn Erfolge ausbleiben.

Gewinner haben keine Angst vor dem Verlieren
Verlierer schon
Misserfolge sind Teil des Erfolgsprozesses
Wer Misserfolge vermeidet,
vermeidet den Erfolg

Mir gaben diese Erfahrungen Zuversicht, dass auch in einer scheinbar ausweglosen Lage noch lange nicht alles verloren ist. Wir mögen wohl in manchen Bereichen unsere Schwächen haben, aber dabei dürfen wir nie auf unsere Stärken vergessen. Es gilt nur, sie zu erkennen und in sie zu vertrauen.

ROTE BADESACHEN
Alexandra

Es begann mit roten Badehosen. Als ich klein war, starrte ich gerne Frauen und Männer in roten Badesachen an.

Wenn ich gefragt wurde, was ich werden wollte, sagte ich: Rettungsschwimmerin. Ich wollte draußen sein, Menschen retten und im Badeanzug gut aussehen – »Baywatch« sei Dank.

Neben Rettungsschwimmerin konnte ich mir auch noch Schatzjägerin vorstellen. Vorbilder waren mir Indiana Jones und Lara Croft. Hauptsache kein 08/15-Job und viel Freiheit.

Dann wurde ich erwachsen. Studium, Studentenjobs und Einstieg ins Berufsleben ließen mein Abenteuer-Ich schrumpfen. Die Anforderungen des Alltags hießen größtenteils Anpassung und Unterordnung. Ich saß in einer Agentur, wo ich nicht nur schlecht bezahlt wurde, sondern drauf und dran war, meinen Glauben an mich selbst zu verlieren. Es erschien es mir sinnlos, den vierzigsten PR-Text für ein Duschgel zu schreiben oder für einen großen Fast-Food-Laden Werbung zu machen.

Irgendwann kündigte ich, ohne einen fixen Plan für mein weiteres Berufsleben zu haben. Das Gefühl, ständig nur funktionieren zu müssen, war unerträglich geworden.

Was wollte ich eigentlich?

Diese Frage stellte ich mir immer wieder und ich fand zahlreiche Antworten. Es gab einige Dinge, die ich schon immer machen wollte und die ich nun in die Tat umsetzte: Ich reiste nach Schottland, ich begann mit Yoga, ich startete einen Filmblog und eine Ausbildung im Sozialbereich.

In dieser Zeit sah ich ein Schild mit einer Aufschrift, die ich zu meinem Zuversichtsmotto machte:

Loslassen, immer wieder loslassen.

Zuallererst ließ ich die Ansicht los, ein typischer Karriereweg gehe immer steil nach oben.

Mein Weg ging eben kreuz und quer.

Ich stellte mir die Frage, wie und wo ich arbeiten wollte. Was immer mir einfiel, schrieb ich auf. Erwartungen, welche Tätigkeiten ich machen *sollte*, und gute Ratschläge aus meiner Umgebung ließ ich ebenfalls los. Das half mir, mich von nun an nicht mehr für Stellen zu bewerben, die gar nicht zu mir passten.

Mein Loslass-Credo hatte auch Auswirkungen auf mein Privatleben. Obwohl ich unter Höhenangst litt, fing ich mit dem Klettern an. Das brachte mir auf Bergen nicht nur viele Nervenzusammenbrüche, sondern auch atemberaubende Ausblicke ein.

Als Nächstes bestieg ich ein kleines, knatterndes Flugzeug. In 4.000 Meter wurde die Tür geöffnet und ich sprang in die Tiefe. Es war ein Tandem-Fallschirmsprung. Nach sechzig Sekunden freiem Fall öffnete sich der Fallschirm. Lara Croft wäre stolz auf mich, dachte ich, als ich wieder festen Boden unter den Füßen hatte. Zuversicht bedeutet für mich heute:

Ich bin mir selbst treu
Erwartungen anderer lasse ich los
Ich habe Vertrauen in das Leben

Oder anders gesagt: Scheiß darauf, was andere denken, und entdecke die Abenteurerin in dir. Wenn nötig in einem roten Badeanzug ...

WENN DER BANKOMAT SCHLUCKT STATT SPUCKT
Karoline

Und weg war sie, die Bankkarte. Mein Magen krampfte sich vor Schreck zusammen, doch ich hatte es geahnt, war mir bereits beim Eintippen der Summe unsicher gewesen. Zu lange schon vermied ich es, meine Kontoauszüge durchzusehen.

In der Teilkarenz nur sechs Unterrichtsstunden statt der erwarteten elf zu bekommen war schwer genug, auch wenn mir eine liebe Freundin ein bisschen unter die Arme griff und sich ab und zu um meinen Sohn kümmerte. Es gab niemanden sonst, den ich um Hilfe bitten konnte oder wollte. Miete, Windeln, Lebensmittel, all das ging sich hinten und vorne nicht aus.

Mit weichen Knien betrat ich die Bankfiliale, mein Sohn schlief im Tragetuch. Nachdem ich dem Bankberater mein Problem geschildert hatte, machte er mich auf die Kosten aufmerksam, die ich durch den Einzug der Karte zu tragen hatte und auch darauf, wie hoch die Zinsen für mein überzogenes Konto seien.

Das war zu viel. Mir liefen Tränen über die Wangen. Anscheinend fühlte mein Sohn die Unruhe, wachte auf und begann zu quengeln. Er war hungrig, ich spürte es auch an den prallen Brüsten. Kein günstiger Zeitpunkt zum Stillen.

»Seit 15 Jahren bin ich Kundin Ihrer Bank«, sagte ich, »für den Wohnkredit zahle ich mehr Zinsen, als zurzeit verlangt werden, und jetzt schluckt der Bankomat auch noch meine Karte!«

Ein paar Leute drehten sich nach uns um, mein Sohn wurde immer unruhiger.

»Warten Sie einen Augenblick, wir finden bestimmt eine Lösung«, sagte der Berater und eilte davon.

Ich atmete ein paar Mal tief durch und wiegte meinen Sohn in den Armen. Das beruhigte auch mich. Er schlief wieder ein. Für einen Augenblick vergaß ich alles um mich, sah nur auf sein zufriedenes Gesicht. Zaghaft keimte Zuversicht in mir auf. Vielleicht sollte ich doch etwas Geld von jemandem borgen. Es gab liebe Menschen in meinem Umfeld, sie aber um Hilfe zu bitten, hatte ich bis dahin nicht über mich gebracht.

Da kam der Mann an den Beratungstisch zurück.

»Ich musste zunächst mit meinem Vorgesetzten sprechen«, sagte er, »doch nun werde ich Ihnen Möglichkeiten aufzeigen, die Ihre finanzielle Lage entspannen könnten.«

Seine Worte ließen mich aufatmen. Wir würden alles schaffen, dieser hoffnungsvolle Gedanke überkam mich plötzlich. Die Gebühr für die eingezogene Karte wurde mir erlassen, meine Kreditrate für ein Jahr ausgesetzt und die Zinsen gesenkt. Das half mir tatsächlich über die Runden.

Mit leichten Schritten verließ ich die Bank. Zuversicht beflügelte mich.

EIN ZUVERSICHTLICHER HELD
Erwin, Klassenlehrer der 4AB-Klassen

Auf den ersten Blick könnte man Paul für einen ganz normalen 14-jährigen Jungen halten. Doch das ist er nicht. In meinen Augen ist Paul ein wahrer Held der Zuversicht.

Seine Geschichte geht so:

Im September 2022 probten die 4AB-Klassen der Musikmittelschule Weiz ein Musical mit dem Titel »Kings and Queens«. Mit vielen Talenten gesegnet, aber auch mit einer außerordentlichen Portion Disziplin versehen, übernahm Paul wichtige Parts in unserem Projekt. Nicht nur als Schlagzeuger war er gut, vor zwei Jahren hatte er »heimlich« mit dem Klavierspielen begonnen. Mit Hilfe von YouTube-Videos brachte er sich es selbst bei. In der Schule bekam er dann Unterricht bei unserem Musiklehrer und bald spielte Paul Stücke von Mozart, Liszt und Rachmaninow.

In unserem Musical schlüpfte er in eine Hauptrolle: Er sollte einen umtriebigen »Freibeuter« spielen, der mit seinem Freund herausfinden will, was es mit Mädchen so auf sich hat.

Der Plot der Geschichte spielt in einer fernen Zukunft.

Drei Tage vor der letzten Probenwoche geschah etwas Schreckliches: Pauls Mutter verstarb mit nur 47 Jahren an Brustkrebs. Bis zu diesem Zeitpunkt hatte niemand aus dem Musicalteam von der schweren Erkrankung der Mutter gewusst, da Paul nicht darüber gesprochen hatte.

War er in dieser Ausnahmesituation überhaupt in der Lage, seine Rolle zu spielen und im Musical mitzuwirken? Ersatz gab es keinen für ihn.

Er schaffte es. Und nicht nur das: Er bestand in diesen Tagen zusätzlich die Aufnahmeprüfung in ein Musikgymnasium. Für ihn war außer Frage gestanden, sich diesen Herausforderungen zu stellen.

Es waren Glanzleistungen, unterstützt von einem Teamspirit der ganzen Klasse, den ich als Lehrer selten in dieser Intensität erleben durfte.

Am 30. März fand die letzte Aufführung statt. Paul überraschte alle mit einem Rückwärtssalto aus dem Stand.

Danach kam eine schwere Zeit auf ihn zu. Es war Ostern, gleichnishaft das Fest von Verlust und Zuversicht. Wir alle aber sind sicher, dass Paul seinen Weg finden wird. Er ist ein zuversichtlicher Held.

JEDE EINZELNE SEKUNDE
Thomas

Ich verlasse den Ring und gehe hinter die Bühne. Langsam sinkt mein Adrenalinspiegel und ich komme zur Ruhe. Jeder Kampf im Ring ist anders. Und jedes Mal frage ich mich nach dem Umziehen dasselbe: »Habe ich es geschafft oder will ich noch mehr?«

Sportbegeistert war ich schon immer. In meiner Kindheit spielte ich Fußball wie die Hälfte meiner Schulklasse. In meiner Jugend fand ich jedoch eine neue Leidenschaft, die mich bis heute antreibt. Wrestling. Viele kennen es als Showkampf, bei dem es neben der sportlichen Leistung darum geht, das Publikum zu unterhalten und in eine Rolle zu schlüpfen. Klanghafte Namen aus den USA wie Hulk Hogan, Undertaker oder John Cena sind vielen bekannt. Es ist ein intensiver und manchmal auch gefährlicher Sport mit vielen Showelementen, was das Ganze zu einem einzigartigen Erlebnis für Akteure und Zuschauer macht.

In Österreich ist Wrestling nicht so weit verbreitet, trotzdem wurde es zu meinem Traum, in dieser Sportart etwas zu erreichen. In ein altes Tagebuch, das ich immer noch in meinem Schreibtisch aufbewahre, trug ich bereits als 16-Jähriger ein: »Ich möchte Profi-Wrestler werden.«

Mein bester Freund und ich trainierten jahrelang, bis wir schließlich als »Team Turbulence« durch Österreich,

Deutschland, Ungarn und England reisen, um Kämpfe zu bestreiten. Neben Studium und Nebenjobs war mein ganzes Leben auf Wrestling ausgerichtet: Training, Wettkämpfe oder Kämpfe anderer im Fernsehen ansehen. Ich konnte manchmal kaum fassen, dass ich vor einigen Jahren noch mit meinem besten Freund Wrestling »gespielt« hatte und wir beide nun professionelle Kämpfe vor Live-Publikum bestritten. Ich hätte mir nie träumen lassen, dass mein Künstlername auf einer Hose steht und ein Fotograf Fotos davon machen will, oder dass es tatsächlich Menschen gibt, die ein T-Shirt von mir kaufen wollen. Eine positive Erfahrung jagte die nächste. Ich war überglücklich. Jedenfalls kam es mir so vor.

Bald aber meldete sich der Wunsch nach mehr. Wir wollten weiterkommen und setzten alles daran. So gewannen wir Championgürtel, erhielten gute Honorare und viele Wrestling-Ligen wurden auf uns aufmerksam.

Eines Tages bekamen wir die Chance, ein Training und zwei Matches in den USA zu bestreiten, dem Ursprungsland des Wrestling. Dort angekommen, war ich überwältigt. Wrestling ist in den USA ungemein populär und ein riesiges Business. Wer sich hier durchsetzte, hatte es geschafft. Mein Freund und ich waren bereit dazu.

Doch dann änderte sich alles schlagartig.

Einer der weltbesten Trainer sagte mir: »Du bist 28 Jahre, die Zeit läuft. Du bist wahrscheinlich schon etwas zu alt, um noch weiterzukommen.«

Mit einem Schlag verschwanden mein Glücksgefühl und mein Optimismus. Alles, was wir bisher erreicht hatten, galt nicht mehr. Ich konnte nicht fassen, dass die Endstation erreicht sein sollte. Für mich brach eine Welt zusammen.

Ich hatte eine unglaublich tolle Familie, die besten Freunde, keine finanziellen Sorgen und war gesund. In diesem Moment aber wusste ich das nicht mehr zu schätzen. Mich verfolgten die Worte des Trainers und ich hatte nur noch das Ende meiner sportlichen Laufbahn vor Augen.

Ich würde meine Ziele nicht erreichen. Ich hatte zu viel Zeit in Europa verschwendet. Ich wollte die Jahre zurückdrehen. Ich war von mir selbst enttäuscht, wollte aber mit niemandem darüber reden. Das war mein größter Fehler.

Endlich sprach ich mit meiner Freundin und Lebenspartnerin über meine Sorgen. Sie hörte zu, stellte Fragen und erklärte mir, wie sie das sah. Auf diese Weise gewann ich Zuversicht. Auf einmal erschien alles einfacher. Ich war so sehr in meine eigenen Gedanken verstrickt gewesen, dass ich vergaß, wie man die Sache auch aus einem anderen Blickwinkel sehen konnte. Eine Freundin oder ein Freund kann das besser als man selbst. Die veränderte Perspektive kann einen Großteil der Sorgen nehmen.

Ich hatte mir mit 16 Jahren nur ein Ziel gesetzt: Ich wollte Profi-Wrestler werden.

Hatte ich das nun geschafft oder nicht?

Mein 16-jähriges Ich hätte nicht glauben können, dass der Höhepunkt meiner Karriere ein Auftritt in Houston war, wo ich mit meinem besten Freund um den Texas Tag-Team-Champion-Titel kämpfte. Diese Kämpfe waren mehr, als ich mir damals hatte vorstellen können.

Natürlich hätte meine Laufbahn auch weitergehen können, aber die Schattenseiten des Hochleistungssports bekam ich bei älteren Kollegen öfters zu sehen. Mir wurde klar, dass ich die positiven Erlebnisse viel mehr genießen und den negativen weniger Bedeutung schenken wollte.

Neue Ziele und neue Leidenschaften tauchten in meinem Leben auf. Heute bin ich Pädagoge und kann meine gesammelten Erfahrungen an jüngere Generationen weitergeben. Außerdem absolvierte ich die Ausbildung zum Sportmonteur, wodurch ich im Familienbetrieb meinen lieben Eltern endlich etwas zurückgeben kann. Die Trainingswissenschaft fasziniert mich und ich erfahre und lerne ständig Neues.

Den Satz des Trainers habe ich natürlich nicht vergessen, aber ich kann diese negative Botschaft von damals dank der gewonnenen Zuversicht in ein neues Licht rücken. Ich habe erkannt, dass das Leben viele Ziele bietet und manchmal der Weg das Ziel ist.

Lange Zeit hasste ich diesen Satz, aber nun weiß ich, wie viele positive Erfahrungen ich auf meinem Weg sammeln konnte und wie schön die Zeit war. Meine Reise als Wrestler ist immer noch nicht vorbei, wir planen sogar, nochmals in die USA zu fliegen. Aber nicht, um es in die höchste Liga der Welt zu schaffen, sondern einfach, weil es uns Spaß macht, dort zu wrestlen, wo immer sich eine

Gelegenheit bietet, alte Bekannte zu treffen und neue Menschen kennenzulernen.

Heute sage ich: »Die Zeit läuft, eines Tages werde ich meinen Lieblingssport vielleicht nicht mehr ausüben können. Aber bis dahin genieße ich jede einzelne Sekunde.«

Zeichen

DIE WEISSE GESTALT
Michael

Im Jahr 2005 wollte ich mit meiner damaligen Freundin nach Mauritius fliegen und unseren zehnten Jahrestag feiern. Der Anfang unserer Beziehung war nicht einfach gewesen und unser Umfeld war nicht immer überzeugt davon, dass wir zusammenbleiben würden. Nun aber hatten wir es zehn Jahre geschafft und das wollten wir feiern. Ende Jänner würde es nach Mauritius gehen. Alles war gebucht, wir freuten uns.

Aber es kam anders. Jänner ist Grippezeit. Ich steckte mich im Büro an. Nur noch eine Woche bis zum Abflug. Ich wollte mich in aller Ruhe auskurieren und mit einem steifen Grog die Verkühlung im Bett ausschwitzen. Um Ruhe zu haben, blieb ich nicht in unserer gemeinsamen Wohnung, sondern fuhr in meine kleine Junggesellenbude.

Was dann geschah, musste ich später rekonstruieren, manches habe ich erzählt bekommen.

Durch eine Tiefdruckwetterlage funktionierte der Abzug meiner Gastherme nicht ordentlich. Normalerweise verhindern automatische Absperrventile das Austreten von Kohlenmonoxid, leider aber hatte meine Therme solche Ventile nicht.

Kohlenmonoxid ist geruchlos. Gleich nach meiner Ankunft im Vorzimmer brach ich ohnmächtig zusammen. Das hätte schon das Ende der Geschichte sein können, aber eine glückliche Fügung, beziehungsweise ein Luftstrom, hat mich gerettet. Nach vierzehn Stunden kam ich wieder zu Bewusstsein und schaffte es mit letzter Kraft, mit der Faust gegen die Eingangstüre zu trommeln. Eine Nachbarin hörte mich und verständigte die Rettung.

Da ich so lange am Boden gelegen war, war die Blutzirkulation in meinen Beinen unterbrochen worden. Meine Niere hatte aufgehört zu funktionieren. Mein Zustand war äußerst kritisch. Deshalb wurde ich in künstlichen Tiefschlaf versetzt.

Ich fantasierte und träumte viel. In einer Traumsequenz war ich an der Wand eines Zimmers festgeschnallt, mit Elektroden am Körper, die mich am Leben erhielten. Unter mir befand sich ein Wasserbecken. Ich wusste, wenn es mir gelingen wurde, eine Zehe in dieses Wasserbecken zu halten, wäre alles vorbei. Dieser Gedanke erschien mir damals sehr erstrebenswert.

An der gegenüberliegenden Wand erschien eine Gestalt. Sie war weiß gekleidet und hatte lange Haare. Mit dem Zeigefinger der rechten Hand deutete sie mir: NEIN.

Daraufhin gab ich meine Bemühungen auf, das Wasserbecken zu erreichen.

Nach einundhalb Monaten beschlossen die Ärzte, mich wieder aufzuwecken. Die Prognose war allerdings mehr als schlecht. Sie sagten meiner Freundin, dass mein Körper mit 98-prozentiger Wahrscheinlichkeit die Vitalfunktionen nicht übernehmen würde. Sollte ich wie durch ein Wunder überleben, würde ich niemanden mehr erkennen. Zu lange war mein Gehirn in der Wohnung damals vom Sauerstoff abgeschnitten gewesen.

Ich wachte auf, überlebte und kann heute diese Zeilen schreiben. Jahre später war ich bei einem Freund zum Essen eingeladen. Während unseres Gesprächs fiel mir wieder diese weiße Gestalt ein. Spontan fragte ich ihn: »Hast du mich eigentlich damals im Spital auf der Intensivstation besucht?«

Und er antwortete: »Ja, und ich habe dir ins Ohr geflüstert: Gib nicht auf, mein Bub …«

Mein Freund lebt heute in Hongkong und wir sehen uns nur noch selten. Aber wir sind fast jeden Tag in Kontakt.

Meine Freundin habe ich geheiratet.

JESSE
Brigitte

Eine Einzelgängerin bleibt eine Einzelgängerin. Andere hätten es als Makel empfunden, keine beste Freundin zu haben, in keinem Verein zu sein und immer nur mit dicken, stillen oder schreckliche Brillen tragenden Mitschülerinnen und Mitschülern herumzuhängen. Aber mir war es schlichtweg egal. Es hatte keinerlei Bedeutung und ich war ein zufriedenes Kind.

Ich hatte die Freiheit der 70er-Jahre.

Bei Tagesanbruch raus und bei Anbruch der Dunkelheit nach Hause. Das war die Regel.

Ich hatte nur eine große Leidenschaft: Pferde.

Um mich zu finden, musste man bloß dort suchen, wo es Pferde gab.

Die Ausstrahlung dieser wunderbaren Geschöpfe übte eine magische Anziehung auf mich aus.

Stundenlang konnte ich sie beobachten. Ich liebte ihre Schönheit, die perfekte Kombination aus Eleganz und Temperament. Ich träumte davon, eines Tages ein eigenes Pferd zu besitzen.

Mein Traum wurde wahr. Ich fand einen kleinen Hof, wo ich eine betagte Haflingerstute betreuen durfte. Das Leben schien mir perfekt.

Als ich aber heranwuchs, wurde aus meinem Traum ein Albtraum.

1986 wurde ein, nein, MEIN Fohlen geboren, Jesse.

Ich verbrachte heimlich etliche Nächte im Stall, frierend und hungrig, um die Geburt mitzuerleben.
Die tiefe Liebe zu diesem neugeborenen Wesen wurde gleichzeitig mein seelischer Untergang.
Der Besitzer des Pferdes hatte mich ab diesem Zeitpunkt voll in der Hand.

Ich war mittlerweile 13 Jahre alt und übte offensichtlich eine kranke sexuelle Anziehungskraft auf den damals über 60-jährigen Besitzer der Haflinger aus, der jahrelang »Gegenleistungen« für meine Freiheit einforderte.

Um das ertragen zu können, erschien mir als einziger Ausweg der Alkohol. Je stärker, desto besser.

Ich wurde Meisterin im Verbergen und war nur noch glücklich, wenn ich mit Jesse auf den Feldern unterwegs war.

Eines Tages flog die ganze Sache auf und es folgten demütigende Gerichtsverhandlungen. Ich verlor mein geliebtes Pferd und damit alle Freude am Leben.

Für mich brach eine Welt zusammen.

Jesse verschwand aus meinem Leben ... der Alkohol aber blieb.

Einige Zeit später erfuhr ich vom Ableben meines Peinigers und der Abholung sämtlicher Pferde.

Ich konnte den Gedanken, dass Jesse zu einem Schlachthof gebracht werden würde, nicht ertragen und ertränkte meinen Kummer.

Irgendwann war es genug. Ich begriff, dass ich zur Alkoholikerin geworden war und etwas unternehmen musste.

Nach langem Kampf begab ich mich in klinische Betreuung, nahm an Therapien und absurden Gruppengesprächen teil und fand trotzdem keinen Ausweg.

Es sollten einige Wochen vergehen, bis ich eine Ausgangserlaubnis erhielt. Ich ging in der Umgebung der Klinik spazieren, in Gedanken versunken und unglücklich.

Auf dem Weg kam ich an einem Reiterhof vorbei. Dort blieb ich stehen, lehnte mich an den Koppelzaun und beobachtete die Pferde.

In einer Ecke des Auslaufs stand eine kleine Haflingerstute, den Kopf gesenkt, teilnahmslos. Eine Außenseiterin.

Sie ähnelte meiner Jesse. Ich machte einen Pfeifruf, wie früher. Das Tier reagierte sofort, hob den Kopf und kam näher. Die Brandnummer an ihrem Hals war eindeutig. Es war meine Jesse.

Es folgten Verhandlungen mit der Besitzerin. Schließlich konnte ich Jesse nach Hause holen.

Nach fünf Jahren Trauer und Sehnsucht waren wir wieder vereint.

Ab diesem Zeitpunkt war ich zuversichtlich, dass alles gut werden würde, dass selbst in schweren Zeiten immer ein Licht auftauchen könnte.

Jesse ist im Alter von dreißig Jahren von mir gegangen.

Ich habe ihren ersten und ihren letzten Atemzug begleitet.

Zwei Jahre danach bin ich an Krebs erkrankt. Es ist nach wie vor nicht einfach für mich. Mir helfen keine psychologischen Ratschläge wie positives Denken, »ändern Sie Ihr Leben« oder »verarbeiten Sie die Vergangenheit«. Was mir hilft: Die Gedanken an diesen unglaublichen Zufall von damals. Es stimmt mich zuversichtlich, dass solche schicksalshaften Zufälle immer wieder geschehen können. Man braucht nicht zu suchen. Es passiert einfach.

ROTKEHLCHEN
Anina

Nach einer anstrengenden und nervenaufreibenden Woche im Lockdown entschied ich mich, trotz schlechten Wetters einen Klippenpfad an der irischen Ostküste entlangzuwandern. Ich spazierte im Nebel, neben mir das rauschende Meer, und versuchte Kraft zu tanken.

Bei einer Steinmauer blieb ich stehen. Der Nebel hatte sich ein wenig gelichtet und ich konnte auf den Ozean hinausblicken.

Auf einmal setzte sich ein Rotkehlchen direkt vor mich hin. Es sah zu mir hoch und neigte den Kopf zunächst nach links, dann nach rechts. Musterte es mich?

Um es nicht zu verscheuchen, stand ich einfach nur still da und wartete. Das Rotkehlchen blieb sitzen und schien mich weiter zu beobachten. Schließlich griff ich nach meinem Rucksack. Die Luft war kalt und ich wollte weiter.

Das Rotkehlchen ließ sich dadurch nicht verscheuchen. Es flog mir hinterher oder hüpfte auf der langen Steinmauer, als wollte es mich begleiten.

Die Mauer zog sich lange hin und endete an einem offenen Pfad. Als ich einbog, warf ich einen Blick hinter mich. Noch immer hatte mich das Rotkehlchen im Blick. Es sah mir nach.

Diese Begegnung hatte für mich persönlich etwas Magisches an sich, das schwer zu beschreiben war.

Zu Hause angekommen erzählte ich einer Freundin, die bereits viele Jahre in Irland lebte, von meinem Erlebnis. Sie war darüber nicht erstaunt, denn in Irland gab es ein Sprichwort, das schon seit Jahrhunderten in den Köpfen der Menschen fest verankert war. Als sie es mir verriet, bekam ich Gänsehaut und schätzte meine Begegnung mit dem Rotkehlchen noch viel mehr.

Das Sprichwort lautete: »Robins appear, when loved ones are near.«

Übersetzt: Rotkehlchen erscheinen immer dann, wenn geliebte Personen, die nicht mehr unter uns weilen, nahe sind.

Die Begegnung mit dem Rotkehlchen und das Sprichwort hatten mir damals ein Gefühl der Verbundenheit mit lieben Menschen gegeben, die ich vermisste, und damit neue Zuversicht, nach der ich schon länger gesucht hatte.

EIN LÄCHELN AUF DEM PARKPLATZ

Sabine

Es war ein kalter, verschneiter Tag in Wien, als ich im Dezember 2018 einkaufen ging. Es war Samstagmorgen, der Parkplatz des Supermarkts war gut gefüllt, zahlreiche Menschen liefen herum. Fast alle hatten die Köpfe gesenkt, den Kragen hochgestellt, sie wirkten müde oder gestresst.

Ich stieg aus meinem Auto und ging auf den Eingang zu, während die Menschen an mir vorbeihasteten. Plötzlich sah ich vor mir eine Frau, die so anders schien als all die anderen Menschen. Sie war zierlich, hübsch gekleidet und dezent geschminkt. Sie trug den Kopf erhoben, blickte mich an und lächelte mir zu. Fast, als hätte sie auf mich gewartet.

»Sie haben so schöne lange rote Haare«, sagte sie mir, »und sehr schöne Augen.«

Zuerst war ich ein wenig verwirrt. Wer war diese Frau? Kannte ich sie?

Ich bedankte mich. Erst jetzt fiel mir das Tuch auf, das sie um den Kopf gebunden hatte. Die Frau musste meinen Blick bemerkt haben, denn sie nahm das Tuch ab. Darunter kam eine Glatze zum Vorschein.

»Ich hatte auch einmal lange Haare«, sagte sie. Sie klang ein wenig traurig, doch ihr Lächeln verschwand nicht. »Der Krebs hat sie verschwinden lassen. Ich habe mich daran gewöhnt. Ich bin jetzt 51 Jahre alt und die Ärzte geben mir noch zwei Monate.«

Mir stockte der Atem. Was sollte ich ihr antworten? Wie reagierte man in so einer Situation?

Doch nichts Jammerndes oder Wehmütiges ging von der Frau aus, vielmehr eine herzliche Wärme.

Ich suchte nach den richtigen Worten. Sie sollte nicht aufgeben, sie sollte noch andere Ärzte aufsuchen, andere Therapien probieren.

Sie schüttelte den Kopf. »Ich werde meine Mama bald wiedersehen«, sagte sie mit ruhiger Stimme. »Darauf freue ich mich.«

Obwohl es ein eisig kalter Tag war, stiegen mir warme Tränen in die Augen und ich fühlte, wie sich eine Hitze in meinem Körper ausbreitete. Ohne darüber nachzudenken, nahm ich die fremde Frau in die Arme. Ich konnte mir nicht vorstellen, wie man in einer solchen Situation noch die Kraft aufbrachte, um einkaufen zu gehen. Es wirkte auf mich surreal.

»Irgendetwas muss ich tun«, antwortete die Frau. »Nur zu Hause sitzen und auf den Tod warten geht doch nicht. Mein Mann kauft noch ein paar Sachen ein, dann fahren wir nach Kroatien auf Urlaub.«

Kurz darauf erschien ein Mann vor dem Ausgang des Supermarkts. Er winkte ihr zu und kam zu uns.

»Schatz, bist du so weit?«, fragte er mit liebevoller Stimme und legte den Arm um sie. »Können wir fahren?«

Die Frau umarmte mich zum Abschied und sagte: »Bleiben Sie, wie Sie sind.«

Ich wünschte ihnen nur das Beste. So viel hätte ich noch sagen können, doch ich fand nicht die richtigen Worte dafür. Ich spürte, wie Tränen meine Wange hinunterliefen. Die Frau tröstete mich, dabei war es doch ich, die sie trösten sollte!

Ich schwor mir, beim Einkaufen in Zukunft die Augen offenzuhalten, ob ich sie nicht vielleicht zwischen den Regalen entdecken würde.

Als sie und ihr Mann den Parkplatz verließen, winkte sie mir durch das Autofenster zu.

Danach stand ich noch ungefähr zwanzig Minuten in der Kälte und konnte mich nicht bewegen.

Noch heute denke ich jedes Mal an diese Begegnung, wenn ich Zuversicht benötige. Wenn gerade etwas nicht so gut läuft, erscheint ihr Gesicht vor mir, lächelt mich an und alles wird einfacher.

Ich bin dankbar, dass ich sie an diesem kalten, verschneiten Tag im Winter kennenlernen durfte. Meine Zuversicht bleibt, dass wir uns wieder begegnen werden.

ENGEL AUF DER REISE
Yvonne

E's gibt einen Bibelspruch, der mich schon mein Leben lang begleitet. Ich hatte ihn mir zu meiner Konfirmation ausgesucht. Es handelt sich dabei noch immer um jene Stelle in der Bibel, die mich aufheitert und mir meine Zuversicht zurückgibt.

Er steht in Jesaja 41,10 und heißt: Fürchte dich nicht, ich bin mit dir, weiche nicht, denn ich bin dein Gott. Ich stärke dich und helfe dir auch. Ich führe dich mit meiner rechten Hand, durch meine Gerechtigkeit.

Die Zuversicht, die in dieser Botschaft steckt, habe ich erst so richtig ein paar Jahre nach meiner Konfirmation erfahren. Davon möchte ich gerne erzählen.

Vor etlichen Jahren kam ich auf die großartige Idee, meinen Bruder in den Sommerferien zu besuchen. Er arbeitete zu der Zeit in Spanien, in Pamplona, und ich vermisste ihn schon sehr. Also rief ich ihn an, ob es in Ordnung für ihn wäre, wenn ich ihn besuchen käme. Nach seinem erfreuten »Ja, sicher!« packte ich gleich meinen Koffer. Ich war zwanzig Jahre alt und hatte natürlich nicht genug Geld, um mir einen Flieger zu buchen, also beschloss ich, mit einem Zugticket für junge Leute durch halb Europa zu ihm zu reisen.

Damals gab es noch keinen Euro und ich, naiv wie ich war, dachte, dass man im Zug sowieso Geld wechseln könne – wie ich feststellen musste, ein großer Irrtum!

Ich kaufte also diese Jugendkarte für Reisen quer durch Europa, stieg in meinen Zug, Salzburg – Paris, und bezahlte brav für die Sitzplatzreservierung beim Schaffner. Dieser gab mir mein Wechselgeld in D-Mark zurück. Ich war etwas aufgeregt, immerhin fuhr ich zum ersten Mal allein so weit weg.

An der französischen Grenze erfuhr ich schon die erste Ernüchterung. »Non, keine Schilling, nur Franc oder D-Mark«, sagte die kleine dunkelhaarige Schaffnerin zu mir. Zum Glück hatte ich ja noch ein paar Mark und durfte sitzen bleiben.

In Paris angekommen, wurde mir erst bewusst, wie groß diese Stadt ist und dass sie alles andere als romantisch sein kann. Überall Hektik, tausende Menschen und ich mittendrin. Ich kam am *Gare du nord* an und musste nun zum *Gare de l'est*, um meinen Anschlusszug zu erreichen.

Ich hatte keine Franc, wie also sollte ich quer durch die Stadt zu dem anderen Bahnhof kommen?

Nach sehr langem Suchen fand ich schließlich eine Wechselstube, hatte endlich die richtige Währung in der Tasche, ging zur Metro, bezahlte mein Ticket und fuhr zum richtigen Bahnhof. Dort angekommen, war mein Zug bereits abgefahren und der nächste würde erst am nächsten Morgen kommen!

In diesem Moment war ich so verzweifelt, dass ich mitten am Bahnhof zu weinen begann. Warum mussten ausgerechnet mir solche Dinge passieren? Im Stillen begann ich zu beten.

Auf einmal tauchte ein junger, hübscher Franzose vor mir auf und fragte besorgt, was los sei. Mein Schulfranzösisch beschränkte sich leider nur auf das Notwendigste wie Essen bestellen, nach dem Weg fragen und ein Gespräch übers Wetter.

Zum Glück aber sprach der Franzose auch gut Englisch und so erzählte ich ihm meine Geschichte. Er lud mich auf einen Kaffee ein und erklärte, dass der Bahnhof bald geschlossen werde, weil er gereinigt werden solle. Der Franzose selbst war unterwegs zum letzten Zug, um in die Arbeit zu fahren, und musste bald los. Aber er kannte die Leute hier, er wollte sehen, wie er mir helfen konnte.

Vor dem Bahnhof war ein Platz mit vielen Bänken, auf denen Obdachlose übernachteten. Tagsüber verbrachten sie ihre Zeit im Bahnhof. Mein Begleiter kannte ein paar von ihnen. Er ging zu einem älteren Herrn und die zwei begrüßten sich mit Handschlag. Jean, so hieß der junge Mann, der mir den Kaffee spendiert hatte, fragte mich, ob ich Zigaretten dabei hätte. Ich gab ihm zwei ungeöffnete Päckchen. Der ältere Mann lächelte und gab mir zu verstehen, dass ich hier schlafen könne und er aufpassen würde, dass mir nichts geschah.

Mit einem langen Gebet schlief ich schließlich ein und wurde durch den ersten Zug, der ankam, geweckt. Nachdem ich mich bei meinem »Nachtwächter« bedankt hatte, stieg ich endlich in meinen Zug.

Leider hatte ich nicht genug Franc übrig, um mir einen Sitzplatz zu reservieren, also saß ich stundenlang auf meinem Koffer neben dem Ausstieg. Gegen Abend kam eine Schaffnerin und sagte mir, ich könne mich gerne auf einen freien Platz setzen.

Mir gegenüber saß ein junger Mann, der sich als Henry vorstellte. Henry erzählte mir, dass er in Lyon aussteigen würde, wo seine Familie ganz ungeduldig auf ihn wartete. Sie konnten es kaum erwarten, ihn wiederzusehen, da er über ein halbes Jahr nicht zu Hause gewesen war. Er freute sich riesig auf alle. Als nächstes bemerkte er, dass ich verrückt sein müsse, ganz allein nach Spanien zu reisen.

»Hast du keinen Freund, der dir das verboten hat?«, lautete seine Frage.

»Nein, wieso? Hältst du Frauen für hilflos und schwach, traust du es uns nicht zu?«

Daraufhin begann er mit einem Vortrag, bei dem ich mich fühlte wie ein zehnjähriges Mädchen, das von der Mutter gewarnt wurde, nicht ins Auto von Fremden einzusteigen. Abschließend meinte er: »Eine so hübsche, junge Frau würde ich jedenfalls nicht allein durch halb Europa fahren lassen! Aber jetzt hast du ja mich, ich passe bis Lyon auf dich auf.«

Er lächelte, zog seine Jacke aus, knüllte sie zusammen, legte sie auf seinen Schoß und bot mir an, mich hinzulegen, um etwas zu schlafen. »Du siehst nämlich sehr müde aus.«

Obwohl seine Kommentare ein wenig engstirnig waren, meinte er es gut.

An der spanischen Grenze hatte ich wieder das Problem mit der Währung – keine Pesos, aber auch hier gab der Schaffner nach und ich durfte mit Francs bezahlen.

Nach San Sebastian schlief ich dann im Zug ein. Beim Aufwachen stellte ich fest, dass ich eine Station vorher hätte aussteigen müssen! Ich dachte schon, ich würde nie ankommen! Wir Österreicher sind wirklich verwöhnt, immerhin fährt bei uns jede halbe oder zumindest jede Stunde ein Zug.

Ich musste insgesamt 3,5 Stunden auf den Zug warten, der mich nach Pamplona zurückbrachte. Mein Bruder drehte inzwischen vor Sorge fast durch, weil er so lange warten musste.

Später am Abend besuchten wir gemeinsam das Sanfermines-Fest in Pamplona. Die ganze Stadt schien auf den Straßen zu sein, alle Menschen waren weiß und rot gekleidet, es gab ein großes Feuerwerk, und als ich mich umsah, war mein Bruder samt seinen Freunden verschwunden. Ich lief herum, konnte sie aber einfach nicht mehr finden!

Schließlich hatte ich mich hoffnungslos verirrt und stand auf einem kleinen Platz, wo sich hunderte Menschen zusammenquetschten, ihre weißen Kerzen in die Luft hielten und zu singen begannen.

Die Lieder ließen mich etwas ruhiger werden und neue Hoffnung schöpfen.

Langsam ging ich durch die Straßen, bis ich schließlich zu einem Brunnen kam, an den ich mich erinnern konnte. Von dort fand ich zurück zu der Wohnung, in der mein Bruder schon aufgeregt wartete.

»Dich kann man nicht aus den Augen lassen!«, schimpfte er. Gleichzeitig aber lobte er mein geographisches Gedächtnis und schmunzelte über meine Suchmethode. Ich verriet ihm nicht, wie sauer ich noch zwanzig Minuten davor auf mich selbst gewesen war.

Zwei Jahre später gab es in ganz Europa den Euro und ich kann nur sagen: Was für ein Glück!

Es war schön, meinen beiden persönlichen französischen »Engeln« zu begegnen, die mich ein Stück meines Weges begleiteten und mir zeigten, dass nicht alles und alle schlecht und bösartig sind. Es gibt gute, freundliche Menschen um uns herum, die Zuversicht schenken.

Ich hoffe, dass ihr eure persönlichen »Engel« findet, egal, woher sie kommen und welchen Migrationshintergrund sie auch haben mögen. Und wer weiß, vielleicht seid auch ihr einmal »Engel« für andere und kommt erst später drauf! Ich durfte diese Rolle schon innehaben, aber das ist eine andere Geschichte.

DER DUFT VON ROSEN
Claudia

Im Jahre 1997 erhielt ich die Diagnose »Multiple Sklerose«. Damals war ich 34 Jahre alt. Ich konnte damit gar nichts anfangen. Doch die Krankheit zeigte mir bald ihre schreckliche Macht.

Nach einigen neurologischen Ausfällen bin ich mittlerweile auf meinen Rollstuhl angewiesen und kann nur noch den rechten Arm bewegen.

Doch es gab ein Erlebnis, das in mir nachwirkt und mir bis heute Zuversicht schenkt.

Vor einiger Zeit, als ich mich emotional am Tiefpunkt befand und nicht wusste, wie ich mit meiner Krankheit umgehen konnte, nickte ich auf meiner Couch ein. Ich schlief aber nicht, es war vielmehr der Zustand zwischen Schlaf und Wachsein, der die Umrisse verschwimmen lässt und dem Licht einen seltsam dumpfen Ton gibt.

Auf einmal nahm ich den intensiven Duft von Rosen wahr und spürte die Anwesenheit meiner vor langer Zeit verstorbenen Mutter. Ich hatte Angst, der Augenblick würde verschwinden, wenn ich die Augen öffnete.

Ich fühlte die große Liebe meiner Mutter. Dieses Gefühl gab mir Hoffnung und Kraft, um weiterzumachen.

Wenn es mir mal wieder schlecht geht, denke ich an dieses wunderschöne Erlebnis zurück, schließe die Augen und sehe meine Mama in ihrem Rosengarten, den sie so sehr liebte.

DIE WEISSE TAUBE
Ulrike

In meiner Kindheit lebte ich in einem Dorf, in dem es nicht ungewöhnlich war, zu bestimmten Anlässen den Pfarrer zum Essen ins Gasthaus einzuladen. Eines Tages war es wieder einmal so weit. Meine Eltern unterhielten sich während des Essens mit dem Herrn Pfarrer, der ein sehr gutmütiger Mensch war, und ich saß als Kind dabei und versuchte, »brav« zu sein.

Da ich auch Ministrantin in unserer Pfarre war, tat ich so, als würde ich zuhören. Meine Gedanken schweiften aber ab und das Gespräch zog an mir vorbei. Eine Aussage jedoch ließ mich aufhorchen. Sie prägte sich in mein Gedächtnis ein und auch heute noch denke ich oft daran: »Gott setzt Zeichen! Im Leben eines jeden Menschen setzt Gott immer wieder Zeichen! Man muss nur hinschauen und sie wahrnehmen!«

Der Pfarrer verglich die Zeichen mit Steinen, die er uns in den Weg legt. Manche von ihnen sind sehr klein und man steigt drüber hinweg. An manchen geht man einfach vorbei. Manche sind allerdings so groß, etwa ein Herzinfarkt, dass man sie nicht mehr ignorieren kann.

Was der Pfarrer sagen wollte, war, dass Gott uns begleitet, auch und gerade in schwierigen Situationen, in denen man sich hilflos und allein fühlt. Er ist bei uns und möchte Wegweiser für uns sein. Er überlässt aber uns die Entscheidung, seinen Hinweisen Aufmerksamkeit zu schenken oder nicht.

In meinem Leben gab es schon einige eher unscheinbare Zeichen, ein paar größere und ein besonders kraftvolles, das ich als Beispiel schildern möchte.

Vor vielen Jahren starb unsere liebe Nachbarin. Mein Mann und ich nahmen an ihrem Begräbnis teil und kamen, noch sehr betroffen, wieder nach Hause zurück. Als wir aus dem Auto stiegen und in den Garten gingen, segelte eine reinweiße Taube vor uns herab, landete in der Wiese und blickte uns neugierig an. Zuvor war noch nie eine Taube – geschweige denn eine weiße – in unserem Garten gewesen. Dieser Moment, in dem noch dazu die Sonne so angenehm warm schien, erfüllte mich mit Hoffnung, Freude und Zuversicht, dass es nach dem Tod noch viel mehr gibt und dass wir uns darüber keine Sorgen zu machen brauchen!

Die Taube war kein Zufall, ich sah sie als einen Wink des Himmels. Von diesem Tag an besuchte sie uns täglich – mehr als zwei Jahre lang. Insgeheim benannten wir sie nach unserer Frau Nachbarin und freuten uns jedes Mal über ihren Besuch.

Übrigens: Dieser Herr Pfarrer, der mich durch die Kindheit begleitete und dessen Aussage sich so bildhaft in mein Gedächtnis einbrannt hatte, verstarb vergangenes Jahr an meinem Namenstag und sein Begräbnis fand an meinem Geburtstag statt ....

Ein Zeichen?

HANDSCHMEICHLER
anonym

Am 24. Dezember 2006 stand mein Leben still.
Mein kleiner Sohn, zu dem Zeitpunkt vier Jahre alt, erlitt einen schweren Verbrennungsunfall. 65 Prozent seines kleinen Körpers waren den Flammen zum Opfer gefallen (Verbrennungen zweiten und dritten Grades).
Es begann eine Zeit der Angst.
Angst, dass er nicht überlebte.
Wir bangten und hofften. Wir hofften, dass alles gut und er wieder gesund werden würde.
Nach lebensrettenden Operationen, Koma und Intensivstation, nach Tagen und Nächten an seinem Bett, schwand nach und nach meine Kraft. Aus dem »stark sein für ihn« wurde ein Zusammenbruch auf dem Parkplatz des Krankenhauses, wo ich bitterlich weinte.
In diesem Moment kam eine Dame vorbei. Sie fragte, was geschehen sei.
Ich erzählte ihr alles und sie hörte zu.
Ich vertraute ihr all meinen Kummer an, all meine Angst und all meine Sorgen.
Ich weiß nicht, wie lange sie bei mir war. Ich war wie in Trance.
Als ich mich wieder beruhigt hatte, nahm sie meine Hände und legte etwas hinein. Sie sagte: »Möge der Herr Sie und Ihre Familie schützen und Ihnen Kraft geben für diese schwierige Zeit.«

Sie schloss meine Hände um dieses kalte Etwas.
Ich sammelte mich, nahm all meine Kraft zusammen und ging wieder in das Zimmer meines Sohnes.
Erst dort schaute ich auf das, was mir die Dame gegeben hatte.
Es war ein Handschmeichler aus Metall mit der Aufschrift:

Herr, gib mir die Gelassenheit, Dinge hinzunehmen,
die ich nicht ändern kann

Tränen liefen mir über das Gesicht.
Es wurde warm in mir.
Und ich war voller Dankbarkeit.
Der Unfall ist nun 18 Jahre her.
Mein Sohn überlebte und war nach einiger Zeit nicht mehr auf den Rollstuhl angewiesen.
Er absolvierte ein Sportgymnasium.
Machte Matura.
Der Handschmeichler begleitet mich noch heute.
Und in schweren Zeiten nehme ich ihn in die Hand, denke zurück und bin dankbar für diesen Moment der Zuversicht.

DAS HAUS
Felia

Für vieles in meinem Leben bin ich dankbar. Ich musste und muss hart für alles arbeiten, in den Schoß gefallen ist mir nichts. Überraschungen aber habe ich auch erlebt. Mein Mann und ich sind seit 27 Jahren zusammen und sehr glücklich. Wir haben eine Tochter, die uns viel Freude bereitet. Uns war das Familienleben immer sehr wichtig und wir haben viel gemeinsam unternommen. Irgendwann fand unsere Tochter aber den Mann ihres Herzens und zog zu ihm. Wir freuten uns natürlich darüber, trotzdem war es eine gewaltige Umstellung. Die Wohnung war plötzlich so leer. Unternehmungen zu zweit waren nett, aber es fehlte etwas.

Ein neuer Lebensinhalt musste her, der uns ein wenig ablenken und über diese Zeit hinweghelfen konnte. Wir verdienten beide gut und waren naturverbunden. Eine Zeit lang hatten wir nach einem Wochenendhaus am Land gesucht. Da wir kein passendes Haus finden konnten, legten wir das Projekt auf Eis. Nun wollten wir es wieder aufnehmen. Gartenarbeiten und notwendige Renovierungen würden uns schnell auf andere Gedanken bringen.

Das erste Häuschen, das wir aufgrund einer Zeitungsannonce besichtigten, war ein Volltreffer. In einer wunderschönen Gegend gelegen, war es zwar klein, aber für uns beide groß genug. Es befand sich in gutem Zustand und der Garten war gerade richtig.

Wir kauften es und richteten es liebevoll ein. Wie gesagt, es war recht klein. Die Gartenarbeit war schnell erledigt und zu renovieren gab es kaum etwas. Daher blieb uns viel Zeit für Spaziergänge und Wanderungen in der Gegend.

Auf unserem Weg zum Wald kamen wir stets an einem großen alten Winzerhaus vorbei. Es lag auf einer Anhöhe in einem herrlichen Garten. Als ich es zum ersten Mal sah, sagte ich spontan zu meinem Mann: »Hier möchte ich gern alt werden!«

»Ja, klar, ich auch«, meinte er. »Aber du siehst ja, dass dieses Haus bewohnt ist. Es steht nicht zum Verkauf. Und wir könnten uns so etwas auch gar nicht leisten.«

Damit war das Thema für ihn beendet. Für mich jedoch nicht. Ich stellte mir vor, in diesem Haus zu leben. Ich träumte sogar davon. Und irgendwann warf ich beim Vorbeigehen einen Zettel mit meiner Telefonnummer in den Briefkasten: Sollten Sie dieses Haus jemals verkaufen wollen, dann rufen Sie mich bitte an!

Zwei Jahre vergingen. Es hatte sich bald herausgestellt, dass unser Häuschen auf die Dauer zu klein wurde. Wir planten daher, den Dachboden auszubauen. In der Pension wollten wir dann endgültig aufs Land übersiedeln.

Zu dieser Zeit bekam ich schwerwiegende gesundheitliche Probleme. Eine schwierige Operation stand an. Es war nicht sicher, ob ich sie überstehen würde. Ich versuchte, positiv zu denken und mir meine Angst nicht anmerken zu lassen. Mein Mann machte sich so schon genug Sorgen. Lange blieb ich stark.

Am Abend, bevor ich ins Krankenhaus musste, richtete ich die Dokumente zusammen, die mein Mann brauchen würde, wenn »etwas schiefging«. Dabei begann ich zu weinen und konnte nicht mehr aufhören. Mein Mann versuchte mich zu trösten, weinte aber schließlich selbst. In diesem Moment läutete mein Handy. Es meldete sich eine Frau: »Wir haben vor Jahren Ihren Zettel im Briefkasten gefunden. Haben Sie noch Interesse an unserem Haus? Wir würden es jetzt verkaufen.« Sie nannte mir auch ihre Preisvorstellung, die für uns absolut leistbar war.

Noch am selben Abend fuhren wir zu dem Haus und fotografierten es. Ich druckte das Foto aus und nahm es mit ins Krankenhaus. Das kann kein Ende sein, dachte ich. Das ist ein Anfang!

Und so war es auch. Ich habe die Operation und danach noch einige andere gut überstanden. Wir kauften unser Traumhaus. Meine Tochter und der Schwiegersohn haben hier eine eigene Wohnung und verbringen viele Wochenenden bei uns. Mittlerweile gibt es auch ein süßes Enkelkind.

Das Haus ist über 300 Jahre alt, seine Mauern könnten Geschichten erzählen. In einem so großen Haus gibt es immer etwas zu renovieren, sodass uns die Projekte nie ausgehen. Der wunderbare Garten ist unser ganzer Stolz. Wir fühlen einfach, dass wir hierhergehören.

Wir sind älter geworden. Es gab Probleme und Schicksalsschläge. Aber unsere Grundstimmung besteht aus einer starken Zuversicht. Und fast täglich sagt einer von uns voller Dankbarkeit: »Ist unser Leben nicht schön? Was haben wir doch für ein Glück!«

Verlust

ABSCHIEDSRITUAL
Christina

Seit ein paar Jahren wusste ich, dass der Moment unausweichlich kommen würde. Der Moment, in dem Mama ihren letzten Atemzug nehmen würde. Papas Tod war schon schlimm gewesen, aber wie sollte ich nur Mamas Abschied verkraften?

Es war schwer vorstellbar, keine Eltern mehr zu haben. Und was sollte dann mit meinem Elternhaus geschehen? Wir würden es verkaufen müssen, da meine Geschwister ausgezahlt werden wollten und mein Lebensmittelpunkt schon lange in Wien lag.

Am 5. Juli 2022 kam der Moment, vor dem ich mich so lange gefürchtet hatte. Meine Mama verstarb nach einem langen Leidensweg. Obwohl ich die Situation im Kopf schon tausende Male durchgespielt hatte, zog es mir den Boden unter den Füßen weg. Und der geplante Hausverkauf war plötzlich kein Gedanke mehr, der vage im Raum stand, sondern eine unverrückbare, grausame Tatsache.

Das Haus war ein Traumhaus im südlichen Niederösterreich. Ich hatte dort rund zwanzig Jahre verbracht, bis ich fürs Studium nach Wien umzog. Seit knapp dreißig Jahren verbrachte ich regelmäßig Zeit in meinem Elternhaus, manchmal nur fürs Wochenende, manchmal auch länger.

Ein Architekt hatte dieses Haus mit viel Liebe zum Detail geplant, es war offen, lichtdurchflutet, zeitlos. Zu jeder Jahreszeit wurde es von einer heimeligen Aura umgeben.

Ich entschied mich im Zuge der Hausräumung für einen unbequemen, sehr schmerzhaften Vorgang: Statt alles der Räumungsfirma zu überlassen, ging ich jedes Zimmer, jedes Regal, jede Schublade selbst durch. Jeder Zettel wurde zweimal umgedreht, jede Entscheidung, was verkauft, was behalten und was ganz entsorgt werden sollte, traf ich selbst.

In jedem Raum versteckte sich ein Stück meiner eigenen Geschichte: Im Wohnzimmer sah ich das Schulgewand, das Mama in der Früh auf den Kachelofen gelegt hatte, um es zu wärmen. Der Keller erinnerte mich an epochale Tischtennismatches. Oft war ich mit einem Glas Prosecco am Biotop unseres Gartens gesessen. Die lauschige Sitzecke vor dem offenen Kamin war mein Lieblingsplatz gewesen.

Ich organisierte in der Garage meines Elternhauses einen Flohmarkt, der ein voller Erfolg wurde. Es gab viele wundervolle Begegnungen mit mir bekannten als auch unbekannten Menschen. Es wurden liebevolle Erinnerungen ausgetauscht und über allem schwebte ein inniges Gefühl von Dankbarkeit. Das Haus und meine Eltern wurden an diesem Tag noch einmal spür- und hörbar gebührend gewürdigt.

Aber eines stand mir noch bevor: der ultimative »Schlüsselmoment«. Wie sollte es mir gelingen, ein letztes Mal durch »mein« Haus zu gehen und danach den Hausschlüssel für immer herzugeben?

Ich entschloss mich zu einem sehr bewussten letzten Rundgang. Alte Dokumente, unter anderem auch die Befunde meiner Mama, zerriss ich davor. Mit diesen Papierschnipseln, einer feuerfesten Schale, einem Feuerzeug und einer kleinen Flasche Rotwein betrat ich das leergeräumte Haus. Ich setzte mich in jeden Raum und verbrannte dort einen Papierschnipsel. Dabei ließ ich noch einmal meinen Gedanken und Gefühlen freien Lauf. Wie der Rauch, der langsam von Zimmer zu Zimmer zog, wurde jeder Raum, vom Keller bis zum Dachgeschoss, mit meinen Erinnerungen und viel Dankbarkeit ausgefüllt.

Abschied nehmen passiert nicht im Moment – aber mein persönliches Räucherritual half mir, loszulassen. Danach ging ich eine Stunde im Wald einen Weg entlang, den ich mit Mama oft gegangen war. Mein Ziel war eine Kapelle. Dort waren vor längerer Zeit bei einem sogenannten Verschwisterungsstein Fotos mit Mama entstanden, die mir viel bedeuteten. Ich löste meinen Hausschlüssel vom Schlüsselbund und vergrub ihn unter diesem Stein.

Es war vollbracht!

So schwierig und unlösbar mir die Herausforderung erschienen war, so kann ich im Nachhinein ihre Wichtigkeit erkennen. Jedes einzelne Ritual, jede vergossene Träne und jeder bewusste Schritt durch das Haus hatten dazu beigetragen, gestärkt und hoffnungsvoll in meine neue Lebensphase zu gehen.

Ganz tief in mir drin tat sich in den letzten Monaten wohl eine Quelle auf, eine Quelle der Kraft, der Entschlossenheit und der Zuversicht, dass – letztendlich – alles gut wird.

DIE KLEINEN DINGE
Dagmar

Über jeden düsteren Gedanken, der in ein Lächeln verzaubert werden kann, ist es wert, einige Zeilen zu schreiben.

Mein Name ist Dagmar, ich bin 58 Jahre alt, glückliche Mama zweier Kinder, Oma von vier Enkelkindern, »noch immer« verliebte Ehefrau …. und ich liebe das Wort »Zuversicht«.

Nach mehreren schweren Schicksalsschlägen war wohl der Schlimmste ein Verkehrsunfall im Jänner 2014. Dabei überquerte ich mit meiner damals 76-jährigen Mama am Arm in Linz einen Zebrastreifen.

Ein 88-jähriger Autofahrer näherte sich, verwechselte Gas und Bremse und stieß uns frontal nieder. Mir passierte dabei kaum etwas. Meine Mama verstarb nach zehn Tagen im Krankenhaus.

Zuversicht verspürte ich erstmals ein paar Wochen nach diesem Unfall, als ich begann, meine Gedanken zu Trauer, Sorgen, Ängsten, aber auch wunderschönen, glücklichen und humorvollen Momenten zu Papier zu bringen.

Ich schrieb hübsche kleine Gedichte. Zuerst etwas ernstere, wie zum Beispiel ein Gedicht über das Schicksal, dann immer öfters Lustiges und Fröhliches.

Ich bin gewiss keine Schriftstellerin, aber das Schreiben gab mir Zuversicht und tat mir gut. Es wurde ein ganzes Heftlein – meine persönliche Zuversicht-Therapie.

Ein Gedicht daraus möchte ich gerne mit euch teilen:

Es sind die kleinen Dinge!

*Ich habe mir mal so überlegt –
was die Menschen so bewegt.
Täglich, wenn man Zeitung liest –
der Schauder übern Rücken fließt.*

*Mord und Totschlag jeden Tag –
es ist so schlimm, dass ich mich frag:
Was kann **da** noch Freude bringen –
kann die Welt noch **neu** beginnen?*

*Plötzlich ist es dann passiert –
die Angst, die ihre Macht verliert!
Man sollte in den kleinen Dingen –
sehen, was sie **Gutes** bringen!*

*Sonne, Freundschaft, Kinderlachen –
vieles kann uns Freude machen!
Schau nur mal in Kinderaugen –
und dann kannst du wieder »glauben«!*

*Jeder Tag ist wunderbar –
ja, jetzt siehst du's sonnenklar:*

Ein Mensch, der dir mit einem Lächeln begegnet –
ein Hund, der voll Freude mit dem Schwänzchen wedelt –
eine blühende Pflanze aus kargem Gestein –
plötzlich zieht **Freude** in dein Herz hinein!

Ein tröstendes Wort – eine Umarmung nur –
und du spürst das Glück ganz **pur**!
Ein Erfolg, und sei er noch so klein –
macht dein Leben wieder fein!
Ein dunkler Himmel, grau und fahl –
aber **da** ... ein Sonnenstrahl!

Erlebe Momente des Glücks, ganz offen –
und du kannst bald wieder **hoffen**!

**Es sind die großen Siege –
nein, es sind die kleinen Dinge!**

PHILIPP
Christiana

Bis vor acht Jahren wusste ich nicht, was schwere Zeiten sind. Ich war bis zu diesem Tag im Jänner 2015 ein glücklicher Mensch und mit meiner Familie sehr gesegnet. Unsere Kinder Bernhard und Philipp machten das Glück perfekt. Meine eigene Familie zu haben war immer mein größter Wunsch gewesen.

Mein Mann und ich hatten jung geheiratet. Bald darauf kamen unsere beiden Wunschkinder zur Welt. Sie lagen nur 23 Monate auseinander und verbrachten viel Zeit miteinander. Unser jüngerer Sohn, Bernhard, hatte sich sehr an seinem Bruder Philipp orientiert und ihn bewundert. Sie waren ein Herz und eine Seele.

Oft sind sie abends gemeinsam weggefahren. An diesem Abend im Jänner wollte Philipp jedoch mit einem Bekannten zu einem Ball. Bernhard blieb zu Hause.

Philipp sah in seinem Anzug wirklich gut aus. Mein Mann band ihm die Krawatte und ich putzte ihm die Schuhe, damit sie glänzten.

Bevor sie losfuhren, wünschten wir Philipp einen schönen Abend. Wir baten ihn, uns anzurufen, falls er abgeholt werden wollte. Wir verabschiedeten uns. Aus dem Auto winkte er uns noch zu. Dann fuhr er weg, für immer.

Um drei Uhr früh klopfte es. »Philipp«, rief ich verschlafen, im Glauben, er hätte seinen Schlüssel vergessen. Ich öffnete und blickte in die Gesichter zweier Polizisten.

»Ist etwas passiert?«, fragte ich automatisch.

Sie nickten.

Ich begann zu schreien und weckte dadurch meinen Mann und Bernhard. Ich kann mich nur noch vage an diese Nacht erinnern, aber ich werde nie vergessen, wie einer der Polizisten das Wort »Genickbruch« sagte. Von da an war nichts mehr so wie zuvor.

Im Nachhinein lief alles wie in einem Film ab, in dem man eine Rolle spielt. Ich habe Dinge erledigt, von denen ich heute nicht weiß, wie ich sie schaffte. Wie konnten wir uns nur von unserem geliebten Sohn verabschieden, ihn ein letztes Mal küssen und umarmen?

Unsere erweiterte Familie half uns in dieser Zeit. Wir bastelten Kerzen, die jeder mit nach Hause nehmen konnte. Philipps Kopfkissen und seine Fäustlinge gaben mir Schutz und Wärme. Beides trug ich noch lange mit mir herum.

Philipp war 19 Jahre alt gewesen, als er ums Leben kam. Er war gerade dabei, erwachsen zu werden. Sein Bruder und er trafen sich jedes Wochenende mit Freunden und unternahmen viel gemeinsam. In der Zeit vor dieser tragischen Nacht gingen viele Freunde von Philipp und Bernhard ihre ersten Beziehungen ein.

Einige Zeit vor dem Unfall fragte ich Philipp, ob er auch schon gerne eine Freundin hätte, und er nickte. Das freute mich, denn er war ein einfühlsamer, zarter, herzensguter und liebevoller Mensch und wäre sicherlich ein wunderbarer Partner und später Papa geworden.

Bei dieser Vorstellung zerriss es mir fast das Herz.

Die ersten Jahre nach Philipps Tod fühlte ich mich sehr allein. Die Trauer machte mich einsam. Wenn das eigene Kind stirbt, glaubt man, die Welt bleibt stehen. Wenn man dann sieht, wie alle anderen weiterleben, macht einen das fast verrückt. Es war schwierig, einen Anker im Leben zu finden. Unsere Ehe veränderte sich, einige Freundschaften zerbrachen, neue bildeten sich.

Mit Menschen über Alltägliches zu sprechen, fiel mir unendlich schwer. Was erwarteten sie von mir? Dass ich wieder so werden würde wie früher? Dass ich einfach weitermachen würde?

Das ging nicht. Und trotzdem musste es weitergehen. Doch es brauchte Zeit und Geduld, es war wichtig, über das Geschehene zu sprechen, Freiräume zu erlauben, Rituale einzuführen und Hilfe anzunehmen, wenn es nötig war.

Wir begannen wieder, unserer Arbeit nachzugehen und in unser Leben zurückzufinden. Es war nicht wie früher, aber wir ließen kleine Glücksmomente zu, lernten wieder, den Alltag zu genießen, und glaubten an das Schöne, das noch kommen würde.

Vier Wochen vor dem Unglück hatte sich Bernhard ein Tattoo stechen lassen. Drei Ringe am Unterarm mit den Geburtsjahren meines Mannes, von Philipp und mir. Ich bin froh, dass Philipp sein Geburtsjahr am Arm seines Bruders noch sehen konnte und spürte, wie sehr er geliebt wird.

Mein Mann und ich ließen den Namen von Philipp an der Oberseite unserer Eheringe eingravieren, als äußerliches Zeichen, dass wir alle immer und ewig miteinander verbunden sind.

Bernhard litt besonders unter dem Schicksalsschlag. Er verlor nicht nur seinen geliebten Bruder, er musste auch dabei zusehen, wie sich seine Eltern veränderten. Ich bin froh, dass er daran nicht zerbrochen ist und optimistisch bleiben konnte. Er ist heute ein wundervoller Mensch und wir sind unglaublich stolz auf ihn. Vor Kurzem hat er sich verlobt und ist mit seiner zukünftigen Frau sehr glücklich. Auch mein Mann und ich freuen uns, an diesem Glück teilhaben zu dürfen.

Wir wurden oft gefragt, wie wir es schafften, die Zuversicht nicht zu verlieren. Es sind kleine Schritte, die man nach vorne macht, indem man füreinander da ist, optimistisch in die Zukunft blickt und nie vergisst, dass man eine Verantwortung hat – sich selbst gegenüber und seinen Kindern. Philipp hätte nicht gewollt, dass wir an seinem Tod zerbrechen.

Es vergeht kein Tag, an dem wir nicht an unseren Sohn denken oder über ihn sprechen. Es tut gut zu sehen, dass unser Leben weitergeht, mit unserem geliebten Sohn im Herzen.

DAS LACHEN
Nina-Alice

Ich dachte nie, dass ich mich jemals für ein herzhaftes Lachen schlecht fühlen würde.

Doch letzten Mai ist genau das passiert. Am besten, ich fange ganz von vorne an.

An diesem lauwarmen Frühlingstag wurde meine Welt auf den Kopf gestellt. An diesem Tag ist mein Vater gestorben. Er war schon jahrelang krank gewesen und die Ärzte hatten uns mitgeteilt, dass er nicht mehr lange zu leben hatte. Dieses Wissen aber half mir nicht, mit meinen Gefühlen umzugehen, als es schließlich so weit war.

Ich habe einmal gehört, dass die Psyche aus Selbstschutz verdrängt, wenn uns Schreckliches widerfährt. Doch ich kann mich an jede einzelne Sekunde dieses Tages erinnern. Es war der schlimmste Tag meines Lebens.

Meine Schwester kam sofort zu meiner Mutter und mir und tat alles, um uns diesen schweren Tag ein wenig leichter zu machen. Tatsächlich brachte sie mich kurz nach ihrer Ankunft zum Lachen. Ich fühlte mich schuldig, doch gleichzeitig war das Lachen wie ein Lichtschimmer in dieser dunklen Zeit.

Meine Nachbarin, mit der ich noch nie in meinem Leben auch nur ein Wort gewechselt hatte, sah die Rettung vor unserem Haus, verstand die Situation und kam sofort auf mich zu. Sie umarmte mich so fest, dass ich mit einem Mal Halt verspürte.

Am meisten unterstützte mich mein Partner. Er tröstete mich, wir lachten gemeinsam und bei der Beerdigung war er ein Fels an meiner Seite. Seine Hand auf meiner Schulter zeigte mir: Ich war nicht allein.

Mittlerweile verspüre ich auch keine Schuld mehr, wenn ich lache, im Gegenteil. Ich sehe die Welt in anderen Farben, ich schätze die einfachsten Dinge viel mehr als vorher und vor allem schätze ich das Leben viel mehr. Mein Vater nahm mit seinem Lachen den ganzen Raum ein. Es war ein lautes, herzerfülltes Lachen. Genau so werde ich ihn in Erinnerung behalten.

Eins meiner Lieblingsbücher ist »Der kleine Prinz« und ich muss oft an die Verabschiedungsszene zwischen dem Piloten und dem kleinen Prinzen denken. Er hat ihm sein Lachen zum Geschenk gemacht. Und jedes Mal, wenn die Sterne besonders leuchten, sehe ich zum Himmelszelt hinauf und es wirkt für mich, als würde der gesamte Himmel lachen. Laut, herzerfüllt, strahlend.

Ich baue auf die Menschen, die mich zum Lachen bringen und hoffe, dass auch ich ihnen Mut, Unterstützung und Hoffnung geben kann, wenn sie es brauchen.

ZWEI REHE

Erika

Mein Papa ist letzten Sommer nach einem schweren Sturz mit gebrochener Hüfte ins Spital gekommen. Er ist 84 Jahre alt und sehr rüstig, er schafft das! Das waren jedenfalls meine Gedanken.

Leider erlitt er nach erfolgreicher Hüft-OP im Spital einen Schlaganfall und erholte sich nicht mehr davon. Nach sechs Wochen erhielt ich mitten in der Nacht die Nachricht, mein Papa sei verstorben.

Mit meinem Papa habe ich zum ersten Mal einen Elternteil verloren. Ich wusste nicht, wie ich mit der Trauer umgehen sollte, aber irgendwie funktioniert man weiter.

Unendlich viele Fragen: Wie geht es weiter? Wo ist mein Papa jetzt? Was ist der Sinn des Lebens?

Ein paar Wochen nach der Beerdigung ging ich am Eichkogel in Mödling spazieren. Mein Papa war oft dort gewesen und hatte den Ausblick auf Wien geliebt. Ziemlich spät an einem Sommerabend im August stand ich dort oben und schaute auf den 23. Bezirk und die Hochhäuser von Alt Erlaa. In einem von ihnen hatten wir viele Jahre lang gelebt, dort verbrachte ich meine Kindheit.

Am Waldrand tauchten zwei Rehe auf. Beide blieben stehen, als sie mich bemerkten.

Das erste Reh tat einen Schritt in den Wald hinein. Das Zweite aber bewegte sich nicht und sah mich direkt an.

Keiner von uns beiden rührte sich. Weder ich noch das Reh. Nach diesem unglaublichen Moment der Stille und Verwunderung folgte das zweite Reh schließlich langsam dem ersten und verschwand.

Zurück blieb ich mit dem dankbaren Gefühl, diesen Moment erlebt haben zu dürfen. Die Begegnung gab Hoffnung in meiner traurigen Zeit.

Wenn ich seit diesem Tag Rehe sehe, etwa bei einem Spaziergang im Wald in der Hinterbrühl oder am Zentralfriedhof, fühle ich mich jedes Mal getröstet und voller Hoffnung. Es ist mein tiefer Glaube, dass es nach dem Tod für uns weitergeht.

Ich werde eines Tages mehr verstehen, wenn es für mich so weit ist. Wenn ich meinen Weg gemeistert habe und sehen kann, was mein Papa nun sieht.

NACHRICHT AUS DEM JENSEITS
Verena

Meine Geschichte ist im Freizeitbereich angesiedelt. Die Zuversicht, die ich daraus gewonnen habe, ermöglichte mir die schönsten Erlebnisse in meinem Leben. Nichts davon möchte ich missen.

Worum geht es? Mein damaliger Partner wollte die Ausbildung zum Privatpiloten absolvieren. Ich war da sehr verhalten, denn ich litt unter Flugangst.

Ein Satz des Fluglehrers rüttelte mich auf: »Glaubst du nicht, dass es gut wäre, wenn auch DU die Maschine landen könntest?«

Fein, das habe ich verstanden. Wenn ich allerdings vorher gewusst hätte, was mich erwartet, hätte ich das Projekt vergessen. Doch ich hatte keine Ahnung, also begann ich mit der Ausbildung.

Adi Pozdena hieß der Lehrer, den mir die Schule zuteilte. Adi war jemand, der sich auf seine Schülerinnen verließ, insbesondere wenn es darum ging, andere Flieger zu identifizieren. Meine Aufgabe war es also, den Luftraum zu beobachten.

Viele Ausbildungsstunden später war ich bereit, zur Prüfung anzutreten.

Dann geschah ein schreckliches Unglück: Adi stürzte ab. Er war unterwegs nach Portorož gewesen, zum Fischessen.

Für mich war klar: Wenn er abstürzen konnte, dann wollte ich keine weiteren Prüfungen machen.

Wochen später war ich unterwegs zu einem Termin in Graz. Mein Handy meldete eine Nachricht, die ich am nächsten Parkplatz las.

»Hallo, hier ist Adi, es geht ums Fliegen, ich komme etwas später.«

Wie lange ich auf diesem Parkplatz stand, weiß ich heute nicht mehr. Für mich fühlte es sich an wie eine Nachricht aus dem Jenseits, obwohl ich an so etwas eigentlich nicht glaube. Ich kann mir bis heute nicht erklären, wieso die Nachricht erst so lange nach Adis Tod und so unvermutet bei mir angekommen ist.

Verstanden habe ich sie aber als ein beruhigendes Zeichen und legte deshalb wenig später die Prüfung ab.

Wie es weiterging? Ich bin dreimal bis zum Nordkap geflogen und viele Male nach Schweden und Deutschland.

Wunderschöne Erlebnisse, von denen ich keines missen möchte.

EIN WEICHES HERZ
Petra

Tja, mein Leben begann nicht sehr rosig. Ich kam mit roten Haaren und Sommersprossen zur Welt, wurde von Kindern gehänselt, vom Großvater belästigt, vom eigenen Vater mit verschiedenen Behelfen geschlagen und gedemütigt. In meiner Kindheit lernte ich mich durchzusetzen.

Ich schaffte es trotz allem, mich auf die Füße zu stellen und einen recht guten Job zu bekommen. Dann aber starb meine Mutter, die nur fünfzig Jahre alt war, an einem Gehirntumor. Die Welt brach für mich zusammen. Sie war meine einzige richtige Bezugsperson gewesen.

Also vertiefte ich mich in meinen Beruf. Neun Jahre später lernte ich meinen Mann kennen. Er war Tierarzt, was sich gut traf, da ich Tiere ins Herz geschlossen hatte, weil sie nicht jähzornig sind und Menschen nicht nach dem Äußeren beurteilen. Sie sind in jeder Hinsicht dankbare Geschöpfe.

Aber jetzt schweife ich vom Thema ab. 1999 heirateten mein Mann und ich. Wir bekamen eine Tochter, ein Jahr später einen Sohn und drei Jahre danach noch einen Sohn. Sport, Haustiere, Buchhaltung, Assistenz bei Operationen von Tieren, Haushalt und natürlich die Kindererziehung meisterte ich in dieser Zeit mit vollem Elan. Ich wollte meinen Kindern all die Liebe und Anerkennung geben, die ich in meiner Kindheit nicht erhalten hatte.

An einem Sonntag im Februar 2016 brach ich ohne Vorzeichen zu Hause zusammen. Mein 14-jähriger Sohn hörte meinen Aufprall. Mein Mann und meine Kinder waren sofort bei mir und begannen mit der Reanimation. Nach zwanzig Minuten trafen die Notärzte ein und setzten die Wiederbelebung fort.

Ich wurde ins Krankenhaus gebracht und in den künstlichen Tiefschlaf versetzt. Bei einer Herzbiopsie wurde festgestellt, dass ich an der Autoimmunerkrankung Sarkoidose leide. Es wurde mir ein Defibrillator gesetzt, der in jenen vier Wochen, die ich im Krankenhaus bleiben musste, viele Male einsetzte, wenn mein Herz aussetzte.

Schrecklich!

Es stellte sich heraus, dass ich durch die Sarkoidose Vernarbungen und ein Aneurysma bekommen hatte. Dadurch schlug mein Herz nicht mehr regelmäßig und jeder dritte Herzschlag war ein Holperer. Man kann sich das so vorstellen, als hätte ich ein kleines Dauererdbeben im eigenen Körper. Ich konnte höchstens hundert Meter gehen, ohne außer Atem zu geraten.

Ein Spenderherz sollte ich laut Kardiologen nicht bekommen. Dafür war mein eigenes Herz noch zu gut und außerdem war ich mit meinen 58 Jahren als Herzempfängerin schon zu alt.

Eigentlich wollte ich den ganzen Tag nur weinen.

Ich musste im Leben schon so viel mitmachen.

Wieso eigentlich? Ich hatte doch niemandem etwas zu Leide getan!

Viele Fragen sausten mir durch meinen Kopf. Lange Zeit war ich verzweifelt und wusste nicht, wofür ich eigentlich noch leben sollte.

Was mir geholfen hat?

Ich habe gelernt, das zu tun, was mir Freude bereitet und viele Haustiere aufgenommen: Kaninchen, Schildkröten und drei kleine Hunde. Ihre Versorgung füllt mich aus und ihnen ist egal, wie ich aussehe. Sie fühlen genau, wenn ich Ruhe brauche.

Großer Besitz ist für mich nicht nötig, um glücklich zu sein. Ich erfreue mich an Kleinigkeiten: die ersten warmen Sonnenstrahlen und die ersten Blümchen auf der Wiese zum Beispiel.

Glücklich macht mich meine Familie, die mir das zweite Leben geschenkt hat.

Was zählt, ist ein weiches Herz, auch wenn es krank ist, um zu sehen, worauf es ankommt im Leben: Gesundheit und Liebe!

LET IT BE
Andrea Viktoria

Bei der Geburt meiner Tochter im Oktober 2020 erlitt ich ein schweres Trauma, wodurch ich monatelang mit einer Belastungsstörung und chronischen Schmerzen zu kämpfen hatte.

Folgenden Teil der Geburt möchte ich erzählen:
Ich hatte eine Playlist mit meiner Lieblingsmusik dabei, darunter viele Beatles-Songs, die ich schon seit meiner Kindheit liebe.

Während der Geburt erzählte mir dann eine äußerst unfreundliche Hebamme total skurrile und von ihr erfundene »Fakten« über die Beatles: Dass die Beatles mit Gebären zu tun haben, weil sich der Song »Let it be« um Geburt dreht, zum Beispiel.

Dann sagte sie, dass es in dem Lied um Loslassen gehe, aber ich nicht loslasse und mich deshalb zu blöd zum Gebären anstelle.

Es war schrecklich für mich, dass meine absolute Lieblingsmusik nach der Geburt mit diesen negativen und traumatischen Erfahrungen besetzt war. Lange konnte ich nicht einmal an das Lied denken, ohne in Tränen auszubrechen.

Ein Lied, das mir so viel bedeutete, schien Trigger für ein schreckliches Erlebnis geworden zu sein.

Im Jahr nach der Geburt holte ich mir auf verschiedenen Ebenen Hilfe. Ich nahm an einem Geburtstrauma-

Verarbeitungsprogramm teil und arbeitete langsam meine Erlebnisse auf.

Irgendwann war ich bereit dazu, den Song »Let it be« wieder auf dem Klavier zu spielen.

Während ich noch schüchtern und unsicher die Tasten drückte und sang, bemerkte ich, wie meine Tochter aufstand und mitzusingen versuchte. »Beeeeee! Beeee!«, quietschte sie und klatschte in die Hände.

Dieser Moment war so bedeutend für mich. Er gab mir das Gefühl, das Lied zurückerobert zu haben.

»Ha! Emma! Jetzt haben wir uns das Lied zurückgeholt!«, sagte ich zu meiner Tochter.

Ich wachte langsam aus dem Trauma auf.

Ein paar Monate später starb mein heißgeliebter Vater, mit dem ich vor allem über die Musik sehr verbunden war.

Ich hörte »Let it be« und spürte das Lied nun auf einer ganz anderen Ebene, denn ich kenne jetzt die Entstehungsgeschichte des Liedes: Paul McCartney träumte eines Nachts von seiner verstorbenen Mutter, die im Traum »Just let it be« sagte.

In diesem Moment war mir klar, dass ich diese Worte nahe bei mir brauchte. Für immer. Ich wandte mich an meine beste Freundin und ließ mir die Worte von ihr tätowieren.

Nun steht »Let it be« auf meinem Unterarm.

Wenn ich mein Tattoo ansehe, dann erinnere ich mich daran, was ich durchgestanden habe, wie stark ich war und bin.

Ich spüre die Verbindung zu meinem Papa. Ich mache die Augen zu und sehe ihn vor mir. Ich spüre die Wärme, die er immer ausstrahlte.

Ich merke, was für schöne und tiefe Freundschaften ich habe, und dass ich niemals allein bin.

Und schlussendlich versuche ich das zu fühlen, worum es in dem Lied geht: Let it be.

Und das gibt Zuversicht, jeden Tag aufs Neue!

EINE FEDER VOM HIMMEL
Roswitha

»*Man muss mit allem rechnen,
vor allem mit dem Guten und Schönen.*«

𝒟as habe ich am eigenen Leib erfahren ...

Sommer 1996 – Ich steckte in einer freudlosen Situation: Meine Oma, zu der ich eine innige Beziehung hatte, war vor zwei Monaten verstorben. Die Partnerschaft, in der ich damals lebte, machte mich traurig.

Eines Tages saß ich beim Esstisch, heulte mir deswegen die Augen aus, schaute zum Himmel und sagte vor mich hin: »Urli, was soll ich tun? Hilf mir, ich bin so traurig!«

In diesem Moment flog durch das geöffnete Fenster eine Vogelfeder ins Zimmer und landete vor mir auf dem Tisch. Das war für mich ein Zeichen, das ich so verstand: Nimm's leicht.

Daraufhin habe ich mein Leben geändert (und den Freund hinauskomplimentiert).

Es hat mir sehr gutgetan.

August 2016 – Meine Mamsch hatte einen Schlaganfall, ich musste zu ihr nach Wiener Neustadt ins Krankenhaus fahren. Schrecklich, keiner wusste, wie es weitergehen, welche Schäden sie davontragen würde. Als ich auf der Heimfahrt die Autotür öffnete, wurde eine Vogelfeder in den Wagen geweht, die auf dem Fahrersitz liegen blieb.

Das nächste Zeichen.

Nimm's leicht.

Meine Mama ist zwar 2017 verstorben, aber ich weiß, dass es für sie so besser war. Darauf habe ich mir eine kleine Feder auf meinen Unterarm tätowieren lassen.

März 2023 – Ich war in Bad Hofgastein auf Reha, um meine Psoriasisarthritis zu behandeln. Die Therapien steigerten meine Beweglichkeit etwas, aber die Ärztin brachte mir schonend bei, dass mich die Schmerzen immer begleiten würden. Traurig brach ich am Nachmittag zu einem Spaziergang durch den Ort auf. Und was lag da, direkt vor dem Ausgang des Rehazentrums?

Eine Vogelfeder!

Das nächste Zeichen – nimm's leicht!

Egal, was uns gerade betrübt oder das Leben schwer macht: Man muss mit allem rechnen, vor allem mit dem Guten und Schönen.

In einem Jahr

Thomas Brezina

Schriftsteller zu sein bedeutet, ständig nach Geschichten zu suchen, die im Kopf wachsen, bis sie ein ganzes Buch füllen. Auslöser dafür können Beobachtungen sein, Begegnungen, ein paar Worte, die man aufschnappt, eine Erzählung im Freundeskreis und vieles mehr. Geschichten wachsen im Kopf wie Gemüse im Beet: Ein Samenkorn reicht aus, um einen Kürbis zu ernten, der viele Kilogramm schwer ist.

Im Alltag kann ich mein fantasievolles Gehirn nicht abschalten, was zur Folge hat, dass Kleinigkeiten, die ich erlebe, in meinem Kopf manchmal zu riesigen Gedanken anwachsen, die mir Angst einjagen, mich mit Sorge erfüllen und niedergeschlagen und mutlos machen.

Lange Zeit habe ich mit diesen Stimmungen gekämpft. Ich wollte sie verdrängen. Das war aber ungefähr so, als wollte ich eine Tür zuhalten, gegen die von der anderen Seite ein Babyelefant drückt. Je mehr ich mich anstrengte, desto größer wurde der Druck des Elefanten namens Traurigkeit.

Ratschläge wie: »Denk einfach an was Schönes«, »Ist doch nicht so schlimm«, »Nimm das leicht« oder »Du übertreibst wieder einmal« haben wenig bewirkt, auch wenn sie durchaus berechtigt waren.

Meine trübe Stimmung hinderte mich manchmal am Schreiben und verstärkte nur den Zweifel, mit dem Schriftsteller ohnehin oft kämpfen. Größerer Zweifel bedeutete aber auch mehr Sorge und so waren meine Gefühle wie eine Katze, die sich in den eigenen Schwanz beißt.

Mein Moment der Zuversicht ist viele Jahre her und ich erinnere mich genau an den Ort und den Tag: Es war in meiner zweiten Heimat London, ich stand am Fenster, blickte in die Nacht hinaus und spürte eine Dunkelheit in mir, die mich verzweifeln ließ. Der Grund waren einige Enttäuschungen der letzten Tage. Enttäuscht war ich über das Verhalten von Menschen, denen ich vertraut, und über die Absage eines Projekts, auf das ich mich gefreut hatte. Heute weiß ich, dass mein Schriftstellerhirn alle Vorfälle zu viel größeren Dramen aufgeblasen hatte, als sie eigentlich waren.

Aber wenn man mittendrin steckt, sieht man das nicht.

Mein Vater, ein weiser Mann, war mein bester Freund und Ratgeber. Also rief ich ihn an und klagte ihm mein Leid. Er hörte mir geduldig zu und zeigte Verständnis. Ich konnte mir mein Leid »von der Seele reden«.

Mitleid bekam ich nicht von ihm, Mitgefühl aber schon. Nachdem er sich alles angehört hatte, stellte er mir eine Frage, die mir bis heute in trüben Zeiten Zuversicht und neue Kraft schenkt.

Was wird diese Stimmung,
was werden diese Gedanken,
was wird dieser Moment
in einem Jahr für dich bedeuten?

Die Antwort: Mit 99-prozentiger Sicherheit werde ich alles vergessen haben.

Wenn ich mich heute zurückerinnere, was mir vor einem Jahr so alles durch den Kopf ging und was ich damals als belastend empfand, dann kann ich mir selbst versichern, dass auch meine derzeitige Situation, mag sie noch so schlimm erscheinen, in einem Jahr keine große Bedeutung mehr haben wird.
Wenn ich heute bedrückt bin, dann stelle ich mir die Frage selbst. Es hilft, mir diesen Augenblick von damals in Erinnerung zu rufen, als ich am dunklen Fenster stand. Die Frage trägt den Klang meines Vaters, der leider nicht mehr lebt. Ihre Wirkung verfehlt sie nie.